ポンコツ武将列伝

長谷川ヨシテル

柏書房

まえがき

さて〝戦国武将〟と聞いて、皆さんはどういったイメージをお持ちでしょうか？

「強い」「かっこいい」「憧れ」「生き方のお手本」というようなポジティブなイメージを持つ方が多いのではないでしょうか。私も歴史に興味を持った頃にそういった一面を学んで、歴史に深くハマっていきました。


しかし！　どの時代にも完璧な人間などいません。

「仕事でミスをしてしまった」「目の前の面倒なことから逃げ出してしまった」「ウソをついて休んでしまった」「自己中な行動で周囲に迷惑を掛けてしまった」など、「あぁ、自分、ダメだな〜」と思うことをした経験は誰しもがあると思います。

でも、ご安心ください。立派な人物というようなイメージが強い戦国武将たちも例外ではなく、実は現代人の私たちと同様に〝ポンコツ〟な逸話が多く残されているのです！

それらは後世になって描かれたものが多いので、誇張された部分も多々見られるのですが、そういったダメな逸話に触れると「あぁ、武将たちも現代人の私たちと同じ普通の人間だったんだなぁ……」とシンパシーを覚えて、歴史を身近に感じることができます。

私はこの共感が楽しくて好きなんです。僭越《せんえつ》ではありますが、その思いを読者の皆さんと共有したいなと思い、武将たちの失敗談やダメダメなエピソードをまとめた（おそらく日本史上初⁉）のが本書です。

ラインナップの中心は、小田氏治《おだうじはる》や兵主源六《ひょうすげんろく》など教科書に登場しないマイナー武将たち！　そして、日本史上にそのポンコツぶりを刻み込んだ有名武将たちに、源平合戦ゆかりの武士二人と江戸幕府の将軍二人を加えたベスト（？）オーダーを組んでみました。それぞれを独断で採点した「PONKOTSU POINT」は、★五つを最高（あるいは最低）点としています。中には、その評価の枠に収まらず、★六つ以上の採点となっている武将もいます。さらに、一般的には「勝者」とされている、織田信長《おだのぶなが》・豊臣秀吉《とよとみひでよし》・徳川家康《とくがわいえやす》の「三英傑」や、世が世なら戦場で活躍をしたであろう明治の総理大臣たちも、「一つ間違えば〝ポンコツ〟だったかも」という視点で「番外編」的に取り上げています。

この本を通して私は決して、先人たちのネガティブキャンペーンをしたいわけではなく、「え、この人、こんな一面があったの⁉」「このポンコツ具合、自分と似てる（笑）」など、肩の力を抜いて、新たな視点で気軽に歴史を楽しんでいただければと思っております。

それでは本編をお楽しみくださいませ〜！

長谷川ヨシテル

ポンコツ武将列伝——目次

織田信雄

何をしても、何もしなくても、色々やらかす信長の「不肖の息子」

徳川秀忠

関ヶ原の戦いに遅刻した家康の三男は名中継ぎ役

第二章 人が良いのか悪いのか、ドジっ子武将――【天然・変人編】

熊谷直実 口下手&頑固な頼朝の重臣の不器用すぎる生き方は、元祖天然男！

毛利隆元 優秀な二人の弟がいたため超ネガティブ！ポンコツを自覚していた自虐武将

伊達政宗 ポンコツだって伊達じゃない!? 謝罪・言い訳・酔っ払いの人生

第三章 戦は嫌い、太平の世なら名君主？――【文化傾倒編】

第四章 飲んだらダメ、絶対に！——【酒色耽溺編】

第五章　自分の命だけは絶対守る！――【臆病・狡猾編】

第一章

どうしてこんなに勝てないの？

――【戦ベタ編】

小田氏治

連戦連敗のポンコツ・オブ・ポンコツ。なぜか憎めない「常陸の不死鳥」

PONKOTSU POINT

血筋	★★★★★
戦術	★
人望	★★★★
不死鳥力	★★★★★★★★★★★★★★★★★★★★

◆「おだ」は「おだ」でも「織田」じゃない名門一族

小田氏治《おだうじはる》は常陸《ひたち》（茨城県）の小田城（つくば市）の城主を務めた戦国大名です。小田家は、鎌倉幕府の創設に大きく貢献し、源　頼朝《みなもとのよりとも》から常陸守護に任じられた八田知家《はったともいえ》を祖に持ちます。「関東八屋形」に名を連ねるなど、小田城周辺を三百年以上治めている名門の家柄でした。

一五三一年（享禄四）に誕生した氏治（親しみを込めて、これ以降は出家後の法号「天庵《てんあん》」さんで呼ばせていただきます）はその十五代目！　まさに名家の御曹司《おんぞうし》といった存在でした。

天庵さんが誕生した頃は、関東では小田原城を拠点とした北条《ほうじょう》家が勢力を大きく伸ばした一方で、それ以前に関東を治めていた古河公方《こがくぼう》の足利《あしかが》家や山内上杉《やまのうちうえすぎ》家、扇谷《おうぎがやつ》上杉家は勢いを失い始めていました。

天庵さんも戦乱の世に身を置き、隣国の結城《ゆうき》家や佐竹《さたけ》家と頻繁に戦い、さらには〝相模の獅子〟北条氏康《うじやす》、〝軍神〟上杉謙信《けんしん》という強敵たちと干戈《かんか》を交えていくのでした。

天庵さんの運命や如何《いか》に!?

天庵さんの初陣《ういじん》は一五四六年（天文十五）の十六歳の時。「桶狭間《おけはざま》の戦い」「厳島《いつくしま》の戦い」と並び「日本三大奇襲」の一つに数えられる「河越城《かわごえ》の戦い」でした。

関東に勢力を伸ばしていた北条家に対して、古河公方の足利家と、山内上杉家・扇谷上杉家が同盟を組んで北条家の支城の河越城を攻め囲んだ戦です。

この戦、同盟軍の勝利は確実と見えました。なぜなら、『関八州古戦録《かんはっしゅうこせんろく》』などによると同盟軍は八万という大軍だったのに対して、北条家の重臣の北条綱成《つなしげ》が籠《こも》る河越城の兵力は、わずか三千だったためです。この時、天庵さんは父の小田政治《まさはる》が総大将を務める小田軍の一員として参戦し、初陣を迎えました。

初陣を迎えた武士になるべく武功を挙げさせる慣習があったため、初陣は味方の勝利が間違いない戦を選ぶことが多かったといいます。

つまり、八万vs八千のこの戦は、初陣にとってふさわしい戦だったのです。

「さあ、天庵さんの輝かしい初陣を！」

と、行きたいところでしたが、同盟軍はもともと敵対していた大名同士のかき集めであったため、兵の数は多かったものの、進んで犠牲を払って戦おうという者がいませんでした。そのため、これだけの有利な状況だったにもかかわらず、攻城戦はなんと半年も続いてしまいました。

この膠着《こうちゃく》状況に、連合軍がだらけムードとなったところに、北条家から降伏の申し出が届きました。

「河越城の城兵はすでに力尽きています。城兵を助けていただければ城を明け渡します」

さて、皆さんなら、この降伏の申し出にどう対処するでしょうか？

拒否して引き続き城を囲む、もしくは力攻めをして落城させる、など色々な選択肢があります。

同盟軍はこの申し出を嘲笑《あざわら》い、却下しました。

勢いに乗る同盟軍は、河越城の援軍にきた北条氏康の軍勢八千に攻撃を仕掛けました。数に劣る氏康がほとんど戦うことなく撤退したことで、同盟軍には「北条家など恐るるに足らず」という圧勝の雰囲気がさらに広がりました。初陣の天庵さんもその雰囲気に浸っていたことでしょう。

しかし、これが良くありませんでした。

半年も続いていた攻城戦に飽き始めた上に、小競り合いで勝利を収めたために、同盟軍は完全に油断モードに入ってしまったのです。

そこを見逃さなかったのが、〝相模の獅子〟北条氏康でした。実は〝降伏〟も〝撤退〟も氏康が同盟軍を油断させるための策略だったのです。

そして、四月二十一日の夜、氏康の軍勢が夜襲を仕掛けてきたのです！

籠城《ろうじょう》軍と援軍との挟み撃ちに遭った同盟軍は大☆混☆乱！

八万いたという軍勢は散り散りになって潰走《かいそう》を始め、同盟軍は勝利確実の局面から一転、大惨敗を喫したのでした。

この時、晴れの初陣を迎えた天庵さんはというと……命からがら常陸へ逃走！

天庵さんの初陣は、これから先を暗示するような、見事な負けっぷりだったのです。

◆戦いの教訓を生かせず連戦連敗

天庵さんの生涯の天敵は「河越城の戦い」で敗れた小田原の北条家でした。

そのため、天庵さんと対立する周辺の大名たちは、北条家の援助を受けて小田家の領地を狙って攻め込むことが度々ありました。その代表が結城家でした。

一五五六年（弘治二）、北条家の援軍を得た結城政勝《まさかつ》（結城家の当主）が、小田家の支城である海老《えび》ヶ島城に攻め込んできました。「海老ヶ島の戦い」です。

結城家の侵攻の報せを居城の小田城で受けた天庵さんは自ら兵を率いて出陣、救援に向かいました。

〝攻められる支城と援軍に向かう当主〟……おや、この構図、どこかで見たような……。

そうです、天庵さんの初陣、「河越城の戦い」です。

氏康は降伏と撤退で敵を油断させてから奇襲を仕掛け、勝利を収めました。天庵さんは身体を張って、この戦術を経験しています。

あれから十年後、天庵さんはその経験を生かす時が来た……はずでした。

天庵さんの援軍は、結城家の軍勢に待ち構えられ、両軍は深田でにらみ合いました。そこで策を用いれば良いのですが、天庵さんには予定外の出来事だったのか、躊躇《ちゅうちょ》して策を見出せません。

そこを敵が見逃すわけがありません。結城家は深田を勇敢に押し渡り、小田軍に攻めかかってきたのです。

小田軍はこの攻撃に対して、同じ地形の条件であるにもかかわらず、大☆混☆乱！

さらに北条家の援軍も小田軍に襲い掛かり、大惨敗を喫してしまったのです。

しかも、悲劇はこれで終わりません。

総崩れになった小田軍は敗走をするのですが、結城軍の追撃が想像以上に速い速い！

本拠地の小田城に入る余裕がなく、その勢いのまま、なんと小田城も落とされてしまったのです。

経験を生かそうとしたものの、予想外のシチュエーションにてんやわんや……。居城を失った天庵さんは、戦場から直で家臣の城である土浦《つちうら》城に逃げ帰っています。

◆何度も何度も落とされる小田城（でもすぐに奪回）

本拠地を奪われた天庵さんですが、実はこの年の内に、結城家から小田城を奪還しています。

奪還といえば言葉の響きは良いのですが、結城政勝が「小田城を取ったものの、守りきれない」と判断して、小田城を捨てたためお城にカムバックできたのが真相。

小田城は、鎌倉武士が住んでいた館を少し大きくしたような平地に築かれたお城で、端的にいうと戦国時代には向いていないスタイルのものだったのです。

これ以降、小田城は堀や土塁《どるい》などが拡張されていきますが、問題は平城《ひらじろ》という点です。平城は戦国時代末期から江戸時代にかけて築かれていくものなので、戦乱真っただ中で城を狙われ続けた天庵さんは、山城か平山城を本拠地としたほうが良かったのではないかと思われます。

しかし、天庵さんは先祖代々の本拠地を守ろうとしたのか、小田城にまぶしいほどの執着心を見せ続けていきます。この小田城に対する謎の執念が、個人的には、天庵さんの一番好きな部分です。

一五五七年（弘治三）には、今度は結城家ではなく、常陸の有力大名の佐竹義昭《さたけよしあき》と佐竹家と協力していた下妻《しもづま》城主の多賀谷政経《たがやまさつね》が小田領に攻め込んできました。支城の海老ヶ島城（いつの間にか取り返している）を再び攻められた天庵さんは、前年の「海老ヶ島の戦い」の悔しさを晴らすために出陣！

海老ヶ島城を救うために、多賀谷政経の下妻城を攻撃！――したものの、この動きを知った佐竹義昭の軍勢が、天庵さんの陣が張られていた黒子《くろご》という場所に駆け付けました。

これを迎え撃てば良かったのですが、隙を突かれたのか大敗をして敗走……そのままの勢いで、再び小田城を落とされ、土浦城に落ち延びました（黒子の戦い）。

さらに、翌一五五八年（永禄元）にも、佐竹義昭と多賀谷政経に小田城（いつの間にか取り返している）を再び攻められて落城、天庵さんは三度、土浦城に落ち延びています。

一五五六年の「海老ヶ島の戦い」に救援に行ったものの反撃に遭って落城して敗走、翌年も救援に行って反撃に遭って落城して敗走、そしてついに今回は、シンプルに攻められて落城して敗走！（この翌年、家臣の菅谷政貞《すげのやまささだ》が天庵さんの代わりに小田城を取り返している）

なぜかすぐに城や領地を取り返しているのは不思議ですが、だいたい同じようなパターンで三年連続落とされているので、救援の仕方やお城の防御力などに何か問題があったのでしょう。

周囲の大名に押され気味の天庵さんでしたが、一五五九年（永禄二）に好機が訪れます。ライバルの大名だった結城政勝と、その子の明朝《あきとも》が相次いで亡くなったのです。天庵さんはこれを大チャンスと捉えます。少し卑怯《ひきょう》のように感じられるところはありますが、結城城に自ら兵を率いて攻め寄せました。

城兵はわずかだったため、この戦は天庵さんに有利！

城兵は盛んに防戦しているものの、落城は近いように見えました。

しかし！　そこへ結城城に援軍が駆け付けます。その中には〝鬼真《おにま》壁《かべ》〟として名を知られた結城家の猛将・真壁氏幹《うじもと》がいました。

強敵を相手に為す術なく薙《な》ぎ倒され、小田軍は総崩れとなります。さらに、そのまま攻め込まれ支城の海老ヶ島城と北条城を奪われてしまいました。

天庵さんのこの出陣と敗戦を『関八州古戦録』は「無用の戦」と評しています。

かなり痛烈なダメ出し（笑）です。

さらに天庵さんはこの年に、大掾貞国《だいじょうさだくに》というこれまた仲の悪い武将を攻め込んでいます。理由は「大掾貞国が驕慢《きょうまん》で民心を失っているから」でした。大掾家の領地を手に入れるチャンスとばかりに、天庵さん自ら兵を率いて出陣。

万全を期すために、周囲の大名たちに「味方をしてくれ」と使いを出したのですが、大名たちは「これまでの氏治の敗戦を知っているため」誰一人として応じてくれず、ただただ自分の城を固く守っているだけでした。大名たちのおっしゃることはもっともですが、天庵さんからしてみたらなんとも寂しい結果です。

これまた予想外の展開となってしまった天庵さんは、大掾貞国に逆に攻め込まれ（よくみる光景）、二つのお城を落とされてしまうのでした。

それでも一矢報いようと、大掾家の手賀沼《てがぬま》城に火を放とうとしたのですが、城の防御が固くてそれもできず、そうこうしている内に留守にしている領地を佐竹家や結城家が襲おうとしているという急報が入ったため撤退をしようとしました。

しかし、行動を決めかねている内に、今度は帰路を塞《ふさ》がれてしまって引き返すことが不可能に。仕方なく大きく迂回《うかい》して帰ろうとしたら、その動きを完全に読まれ追撃に遭って、もう散々な結果になりました。

これまた「無用な戦」と称される出陣をしてしまった天庵さんは、上杉謙信に従って周辺大名と和睦をして、なんとかして城や領地を復活させてもらったのでした。

◆〝軍神〟上杉謙信襲来！　天庵さんの運命やいかに？

大敗を重ねるものの、なぜか生き残る天庵さんは、一五六二年（永禄五）に戦国最強ともいえる武将を敵に回してしまうことになりました。その相手とは〝軍神〟上杉謙信です。

天庵さんが従属したはずの謙信がなぜ天庵さんを攻めてきたかというと、天庵さんの薄情な振る舞いがあったからでした。

前述の通り、城や領地に復帰できたのは謙信の援助があったためだったにもかかわらず、天庵さんは謙信と敵対する北条家についたのです。

北条家の援助を受けて、佐竹家や結城家などの周辺大名との戦を有利に進めようという天庵さんの狙いがありました。

しかし！　当然、義に篤《あつ》い上杉謙信はこれに大激怒します。

「私のおかげで城を取り返せて『御恩は決して忘れない』と起請文《きしょうもん》を出したのに、有り得ない行動を続けている！」という、この時の謙信激怒の書状が残されています。

一五六四年（永禄七）、上杉謙信がいよいよ小田家の領地に攻め込んできました。

この絶体絶命の大ピンチに、天庵さんはなんと、怯《ひる》むことなく迎撃。特別な戦略はなく、天庵さんはいつも正面から突撃してしまう癖があります。

山王堂に陣を張った謙信に対して、天庵さんは椎木という場所に陣を張って軍神と対峙したのですが、この陣地がいただけない……。

前方に深田があるのは良いのですが、なぜか川を背にして陣を張ってしまったのです！

つまり、勝手に「背水の陣」ということです。もちろん存亡を賭けた決戦などでは用いられることもあるとは思いますが、相手は軍神です。連戦連敗の天庵さんががっぷり四つで戦える相手ではないのです。

上杉軍の猛攻が始まり、小田軍は十町（約一㎞）ばかりも押されて乱戦となりました。

結果、小田軍は敗れて撤退するのですが、そのまま小田城に上杉軍は押し寄せ、小田城は四度目の落城を迎えました。この落城に際して、天庵さんは藤沢城へ逃れています（山王堂の戦い）。

しかし、これから七カ月後、上杉軍がいない間に天庵さんは、小田城を奪還します。

ところが、その三カ月後に佐竹家に攻められ五度目の落城。

しかししかし！　その翌年（一五六五年）、佐竹家の当主の義昭が亡くなった隙をついて、再び小田城を奪還します。

ところがところが！　さらにその翌年（一五六六年）、小田城が天庵さんの手に戻ったことを知った上杉謙信が、佐竹家を継いだ佐竹義重《よししげ》に小田城の攻撃を命令、小田城はあえなく、六度目の落城！（その後、上杉謙信に降伏して小田城の復帰を許されている）

◆「家臣のアドバイスなんて無視無視無視」の結果……
一五六九年（永禄十二）、天庵さんも驚愕《きょうがく》の同盟が成立しました。

長年対立していた上杉家と北条家が甲斐《かい》（山梨県）の武田信玄《たけだしんげん》に対抗するために「越相一和《えっそういちわ》」と呼ばれる同盟を結んだのです。

天庵さんは今までどちらかの勢力につくことで滅亡を免れてきましたが、両者が同盟を結ぶということの状況にまったくついていけず、上杉家にも北条家にもつけずに孤立してしまいました。

同盟相手がいない天庵さんは大ピンチ！　天敵の佐竹家は、このオイシイ状況を見逃しません。

重臣の太田資正《おおたすけまさ》や真壁氏幹に兵を持たせ攻め寄せてきました。

この時、家臣たちは天庵さんに、こう進言したといいます。

「真壁軍が少人数なのはおかしいです。きっと伏兵がいて、我々を挟み撃ちにするはず。戦わずに帰城したほうが良いです！」

この意見を天庵さんは却下、アドバイスの真逆を行く全軍進撃の命令！

攻撃を仕掛けると、結果は家臣の言う通り。あえなく挟み撃ちに遭って小田軍は大☆惨☆敗！

必死に小田城に戻ろうとした天庵さんですが、真壁軍がすでに小田城の攻撃を始めていて入城は不可……。

その後ろからは太田軍が襲い掛かってきているため、居城の手前で挟撃に遭い、小田城は七度目の落城！　天庵さんは藤沢城に落ち延びています（この戦を「手這山《てばいやま》の戦い（手這坂の戦い）」と呼びますが、後述する一五七三年（元亀四）の戦いに類似しているため、混同されたものだともいわれています）。

◆大晦日の年忘れ大宴会を狙われてまたまた落城……

天庵さんは、まだまだあきらめません！　そして、家臣たちもあきらめません！

一五七一年（元亀二）、天庵さんに忠誠を誓う重臣の菅谷政貞が小田城奪回を計画したのです。

その時「旧主氏治への志がある者は、城内の者を味方にして進め」と兵を募り小田城を攻撃。

城内にいた菅谷政貞に内通した者の手引きで難なく城内に侵入し、見事に小田城を奪還したのです。これに天庵さんは大喜び。菅谷政貞に感状を与えました。

その翌年の大晦日《おおみそか》のお話。

小田家では吉例として毎年の大晦日に、大名と家臣たちを集めて連歌《れんが》の会を開催していました。この風雅な宴は、年忘れと称して明け方まで飲み明かすことで有名な、毎年恒例のイベントでした。

身分に関係なく楽しむものであることから、天庵さんと家臣たちとの親密さが伝わってきます。さてさて、この年の連歌の会も大盛り上がり、一五七三年（元亀四・後に天正元）の元旦の夜明けを迎えるまでには、天庵さんや家臣たちはみんな酔い潰れていました。

しかし！　周辺に知れ渡ったこの小田家の恒例行事を見逃さない敵将がいました。佐竹家の家臣の太田資正です。

兵を率いた資正は、午前三時頃に一気に襲撃。

天庵さんたちは不意の襲撃に慌てふためき「刀はどこだ？　甲冑《かっちゅう》はどこだ？」と叫んでいる間に、あっという間に城内への侵入を許して、小田城はやすやすと落城（八度目）してしまったのです。まさに油断大敵！　連歌も酒もほどほどに……。

屈辱の元旦襲撃を受けた天庵さんは、すぐに小田城奪還のために立ち上がります。

臨時に入城していた木田余《きだまり》城に味方の兵が集まってきたのは一月四日。なんと、三日後には奪還のために動き始めていたのです。この辺りの行動力は、戦国武将の中でもトップクラスではないかと思います。

集まった兵は、驚きの五千五百余人！

しかも、家臣たちは、これだけ負けている天庵さんに一命を捧げると忠節を誓ったのです。天庵さんには、不思議な人徳があったと思わざるを得ません。

天庵さんのために小田城を奪回しようと誓った家臣たちは、翌日に出陣して小田城を攻撃。激しい戦闘が数日続くと、十一日には敵軍は密かに小田城を抜け出し、見事に奪還に成功したのです。

そして、佐竹家が小田城に入った時には逃げ隠れていた百姓たちが、天庵さんが勝利を収めて（采配を振ったのは家臣）小田城に戻ったことを知り、再び小田城の城下町に帰ってきました。

このことから、天庵さんは家臣だけでなく、領民からも絶大な信頼を得ていたことがわかります。

しかし、わずか十日で城を奪還できる器量があるのですから、城を奪われないように心掛けたら良いと思うのですが……（笑）。

◆この主君にしてこの家臣あり、大ドジで城を開門！

城を奪還してから二カ月。天庵さんは「家臣二人（上曽氏俊《うわそうじとし》と小幡入道《おばたにゅうどう》）が小田家を裏切ろうとしている」という噂《うわさ》を耳にしました。これを聞いた天庵さんは即激怒！（天庵さんはよく感情的になる）

重臣の菅谷政貞と信田重成を呼んで軍議を開きました。『小田軍記』などによると、その時、信田は「逆心の噂は真実とは思われません。きっと間諜《かんちょう》の仕業です。使者を送って、まずは様子を尋ねるように」とアドバイスしました。

それを聞いた天庵さんが出した命令は、即出陣。

天庵さんの考えは「逆心がないなら、降参してくるだろう」ということでした。主君が攻め込んで来れば「もはや、これまで」と逆効果になってしまいそうですが……（笑）。

兵を向けられた上曽は「逆心など露ほどもない」と使者を送りましたが、天庵さんの息子の小田守治《もりはる》は「それは陰謀が露見したため、一時の難を逃れる術《たばかり》である。使者をひとり残らず討ち取れ」と命令をしたといいます。もう、何かめちゃくちゃです。

上曽と小幡は仕方なく、天庵さんと守治と戦うことを選ぶのでした。

実は、これは元旦に奇襲を仕掛けてきた天敵の一人・太田資正の謀略だったのですが、天庵さんはそれにまんまとはまってしまいました。

おびき出された天庵さんは、資正と真壁氏幹の軍勢と激しく戦いました。特に「わが敵が来た！」と真壁軍に攻めかかったのですが、小田軍はわれ先にと先鋒に斬り込み過ぎて、天庵さんの本陣がある後陣が手薄になってしまいました。そこを見逃さなかった真壁氏幹は、弓隊と鉄砲隊を呼んで矢玉を激しく撃ち込みました。すると、あっけなく小田軍は崩壊！　天庵さんは敗走を始め、いつも通り小田城を目指しました。

太田軍と真壁軍は追撃を始めますが、小田軍の逃げ足も速い速い。

そこで太田軍と真壁軍は小田軍を追い討ちするのではなく、それに並走して小田城を目指しました。

そして、小田城が近づくと「天庵、凱陣《がいじん》！」と小田軍を装って叫び声を挙げたのです。

それを聞いた城兵は、やっぱり天庵さんの家臣です。味方の兵と勘違いして城門をオープン！　敵兵を城内に入れてしまい、小田城はあえなく落城（九度目）してしまいました。天庵さんは藤沢城へ落ち延びました。この戦もまた「手這坂の戦い」と呼ばれています。

これ以降、残念ながら天庵さんは小田城を奪還することはできませんでした。

◆最後の小田城奪還計画！　そしてついに……

一五八八年（天正十六）、小田家に訃報《ふほう》が届きました。

天庵さんの軍師（いたんですね）を長年務めた天羽《あまは》源鉄斎《げんてつさい》を失いました。源鉄斎は亡くなる前に天庵さんへ兵法に関する遺言をしました。

「決して平地で戦ってはいけません。城に籠って戦い守り抜き、援軍を待つことが大事です。これ以外に方法はありません！　防戦一途が肝要です」

天庵さんの心にも響くものがあったことでしょう。

そこへ、小田家の智将の死を聞いた佐竹義重はすかさず挙兵してきました。

佐竹軍が目指すのは、天庵さんが守る手子生《てごまる》城。

この状況で、軍師・源鉄斎の遺言を受けた天庵さんが下した命令は……なんと出撃！

遺言は、まったく響いていなかったのです。

特に、佐竹軍に太田資正がいたことから、「籠城しましょう」という家臣のアドバイスを振りきって、最後の決戦を挑もうと城を出てしまいました（ホントにまっすぐなお方）。

小田軍の目の前には鬼怒川、背後には手子生城。陣の張り方は、上杉謙信との戦いの反省を生かしているようです。

その鬼怒川を渡り、攻め寄せてくる佐竹軍！

士気の高い小田軍は難なく佐竹軍を退け、勝利は目の前に迫っているようでした。

しかし！　天庵さんは押し寄せる佐竹軍の兵が少ないことに気付きません。実は、佐竹軍は伏兵を忍ばせていて、小田軍が油断することを狙っていたのです。

案の定、佐竹軍を侮《あなど》っていた小田軍は、背後から奇襲を受けて挟み撃ちに遭って総崩れ、天庵さんは命からがら城へ逃げ戻りました（手子生城の戦。佐竹軍も疲れが見えたため、城はなんとか守り抜いた）。

一五九〇年（天正十八）。小田城を九回落とされたものの、八回取り返した天庵さんは、最後の奪還計画に挑戦しようとしていました。

この年、豊臣秀吉《とよとみひでよし》による「小田原攻め」が行われようとしていたのですが、天庵さんはこの混乱に乗じて小田城を取り返そうとしたのです。

小田城を守っていたのは佐竹家の家臣の梶原資晴《かじわらすけはる》と資武《すけたけ》の兄弟でした。

自ら兵を率いて先祖伝来の地・小田城に迫った天庵さん！

戦況は優勢、小田軍は城壁をよじ登って城内に侵入し、梶原兄弟もこれまでかと思われました。

しかし！　そこへ援軍として駆け付けたのが、すでに六十九歳となっていた太田資正でした（天庵さんは六十歳）。

「小田城を必ず取り返す！」とばかりに奮戦を見せる小田軍でしたが、太田軍の援軍を跳ね返すことがついにできず、小田城を目前に天庵さんは撤退せざるを得ませんでした。

こうして最後の小田城奪還計画は失敗に終わったのでした（樋《ひ》ノ口《くち》の戦い）。

「小田原攻め」に際して、秀吉のもとへ参陣するどころか、豊臣家に従った佐竹家を攻めてしまったため、天庵さんの領地はもちろんすべて没収！　ここに、鎌倉時代から約四百年続いた小田家は滅亡に至りました。

その後、天庵さんは結城秀康《ひでやす》（徳川家康《とくがわいえやす》の次男）に家臣として迎えられます。これは秀康の側室に天庵さんの娘の一人が嫁いでいたためです。

そして、秀康が一六〇〇年（慶長五）に「関ヶ原の戦い」の功績で越前（福井県）へ加増転封《かぞうてんぽう》となると、天庵さんもこれに従いました。その翌年、越前で没しています。享年は七十一でした。

九回も居城を落とされるなど敗戦を重ねた天庵さんですが、戦場で命を落とすことなく戦乱を生き抜きました。何度も城を落とされるということは、何度も取り返しているということであり、単純に弱い武将と決めつけることはできません。

そのあきらめない姿から、天庵さんは後に「常陸の不死鳥」と称されています。

また、主君を変えることが日常的だった戦国時代において、天庵さんを裏切る家臣たちはほとんどいませんでした。時には、没落した天庵さんのために立ち上がり城を奪還する家臣もいたほどですので。

百姓たちは天庵さん以外の大名が小田城に入れば姿を隠し、年貢を納めなかったといわれています。天庵さんには人に愛され心を動かすような不思議な人徳が備わっていたのかもしれません。

そして、〝軍神〟上杉謙信や〝相模の獅子〟北条氏康、〝鬼義重〟佐竹義重などという歴戦の強者たちを相手にしても怯まずに何度も立ち向かうたくましさや、先祖が代々守ってきた小田城に対する愛情のような執着心は、まさに「常陸の不死鳥」の異名にふさわしい魅力的な武将の一人です。

源行家

源頼朝の叔父は無能の指揮官!?
平家打倒の兵を挙げるが連戦連敗

PONKOTSU POINT

戦術	★
行動力	★★★★
交渉力	★★★★★
コスプレ力	★

◆潜伏生活二十年、変装が下手で敵にバレバレ?

源 行家《みなもとのゆきいえ》は平安時代末期から鎌倉時代初期の人物で、鎌倉幕府の初代将軍の源頼朝《よりとも》の叔父にあたるお方です。

平家を打倒して日本史上初めて本格的な武家政権を築いた源頼朝に対して、今回の主人公の行家さんは、これでもか、というほど戦に敗れるポンコツな一面を持った武士でした。

一一五九年（平治元）、行家さんが十代後半の頃（おそらく十七〜九歳）、京都で「平治の乱」が起きました。これは公家を巻きこんで行われた平家と源氏の大きな争いでした。この時の平家のトップは平清盛《たいらのきよもり》、源氏のトップは源義朝《よしとも》（源頼朝の父、行家さんの兄）でした。これに参戦した（おそらく初陣《ういじん》の）行家さんは、あえなく敗戦。兄の源義朝は敗走中に暗殺され、甥《おい》の源頼朝は伊豆（静岡県東部）に配流となりました。行家さんはどうなったかというと、なんとか戦場を脱出して熊野（和歌山県）に逃れて、憎き平家をいつか打倒するために、潜伏生活を送りました。

その後、ついに平家打倒の機会を得ることになるのですが、それまでの期間は、なんと約二十年！

山伏に扮した行家さんは、平家政権に不満を募らせていた皇族の以仁王《もちひとおう》が一一八〇年（治承四）に出した平家討伐《とうばつ》の令旨《りょうじ》（教科書などでは「以仁王の令旨」で登場）に呼応して、同族の源頼政《よりまさ》とともに密かに挙兵計画を立てていました。

この時、行家さんに与えられた使命は、令旨を全国の源氏一族に伝えることでした。そして、以仁王と源頼政が畿内で挙兵している間に、源氏をはじめとした平家政権に不満を持つ勢力の挙兵を促し、平家を打倒しようとしたのです。行家さんは令旨を全国に伝達しに向かい、ついに伊豆に配流となっていた源頼朝に伝えることに成功します。

しかし、秘密裏に計画していた挙兵作戦は、事前に平家にバレてしまい、宇治で起きた「橋合戦」で敗れてしまい以仁王は討ち死に、源頼政は平等院で自害して果ててしまいました。

秘密裏に計画を進めていたのに、なぜバレてしまったのか……。

それは『平家物語』などによると、わざわざ山伏に扮装したものの、行家さんの行動はバレバレで、平家に筒抜けだったからだそうです（笑）。

◆奇襲を掛けようとして逆に奇襲の返り討ち

はじめの挙兵計画は失敗したものの行家さんはあきらめません！　源頼朝に挙兵を促した後に、独自に平家打倒の兵を挙げて、尾張（愛知県）と美濃（岐阜県）の国境で、平家の軍勢に挑みました。一一八一年（治承五）の「墨俣川《すのまたがわ》の戦い」です。一説によると、行家さんの軍勢六千に対して、平家の軍勢はなんと三万！　なんかもうヤバそうですね（笑）。

しかし、行家さんもさすがに「正面から戦っても敵《かな》わない」と思ったようで、夜襲を仕掛けることを計画しました。その作戦は、夜間に密かに墨俣川を兵士に渡らせて敵陣に忍び込ませ、頃合いを見て奇襲を掛けるというものでした。作戦決行当日、墨俣川の渡河を始めて計画は成功に近づいているかのように見えましたが、ここでもなぜか敵に見破られてしまい、逆に奇襲を掛けられて壊滅的な敗戦を喫してしまいました。

なぜバレてしまったのか……。

それは一説によると、敵陣に忍び込もうとした行家さんの兵士が川を渡ったばかりでビチャビチャだったからだそうです。平家の兵士からしてみると「なぜか濡《ぬ》れている兵士がいる→平家の者じゃない→あ、源氏か」という自然な流れで夜襲を見破ったようです（笑）。

この大敗北によって、源義円《ぎえん》（源頼朝の弟、源義経《よしつね》の兄）など源氏一門の有力武士が多く討ち死にしてしまっています。

◆超無謀！　三百足らずの兵で二万の大軍に挑む

さて、行家さんのスゴいところは、それでも平家打倒の夢をあきらめなかったことです。

甥の頼朝の協力をうまく得られず対立してしまった行家さんは、源義仲《よしなか》（源頼朝の従兄弟《いとこ》、行家さんの甥）の配下となって戦い、義仲の軍略もあってついに平家を京都から追い出して、上洛《じょうらく》を果たすことに成功したのです。

ここから一気に源氏政権の樹立！――と行きたいところだったのですが、どの時代も同じもので、勝者同士で権力争いが始まってしまい、行家さんは源義仲と対立を始めてしまいます。別行動を取り始めた行家さんは室山《むろやま》（兵庫県たつの市）に陣を張っていた平家を攻めますが、これまた大敗！

理由は単純です。平家の軍勢が二万であったのに対して、行家さんの軍勢は驚きの二百七十！この数字は当時の公家の九条兼実《くじょうかねざね》の『玉葉《ぎょくよう》』という日記に記されています。

しかも戦術もあってないようなもので、無計画に敵陣に深入りしてしまって容易に包囲されて殲滅《せんめつ》されてしまったといいます。しかし、ここでも討ち死にしないのが行家さんのしぶといところです（笑）。


その後は、京都の公家から評判が悪かった源義仲を滅ぼして上洛を果たした源義経（源頼朝の弟、行家さんの甥）に接近をし始めます。この頃、源頼朝は鎌倉にいて、源義仲や平家の軍勢と戦ったのは源義経でした。一一八五年（寿永四）の「壇《だん》ノ浦《うら》の戦い」で平家を滅ぼした後は、これまた勝者同士の権力争いの一環で、源頼朝と源義経が対立を始めます。しぶといことに行家さんは、まだ健在ですので、この権力争いにも一枚嚙《か》もうとして、源義経と結託しました。そして、源頼朝の軍勢と対立して「河尻の戦い」で珍しく勝利を収めたものの、徐々に追い詰められ、逃亡先の和泉《いずみ》（大阪府）で捕えられて斬首されてしまいました。

合戦では負け続けの武士人生を送った行家さんは、軍事においては「無能」と称されてしまうお方ですが、「以仁王の令旨」を受けて源氏の挙兵を促し、理想の通りに平家を打倒してしまうあたり、交渉人や工作人としては「有能」でした。しかし、その能力に長《た》け過ぎていたために、源義仲や源頼朝など権力者たちに台頭を警戒され、歴史の表舞台に登場し損ねました。もし合戦で結果を残していたら、ひょっとすると武家政権の初代将軍として教科書に名を残したかもしれませんね。

佐久間信盛

撤退戦は得意だが、攻めるのは苦手。信長から追放された悲運の武将

PONKOTSU POINT

戦術	★★
撤退戦	★★★★
貯蓄力	★★★★
KY度	★★★★★

◆織田家のナンバー2は撤退戦の名手

佐久間信盛《さくまのぶもり》は尾張の愛知郡（愛知県名古屋市）の出身で、若い頃から織田信秀《おだのぶひで》（信長《のぶなが》の父）に仕えました。信盛さんは将来を有望視された若武者だったのでしょう、まだ吉法師《きっぽうし》と名乗っていた幼い信長の側近に指名されました。

信長の筆頭家老となり、織田家のナンバー2的な存在となった信盛さんですが、そのスゴイ点は織田家の主要な戦にほぼほぼ出陣をしているところです。一五六〇年（永禄三）の「桶狭間《おけはざま》の戦い」では、織田家の重要拠点だった善照寺砦《ぜんしょうじとりで》の守備を任され、一五六八年（永禄十一）の信長の上洛《じょうらく》戦の「観音寺《かんのんじ》城の戦い」では、六角《ろっかく》家の拠点となった箕作《みつくり》城を落とす武功を挙げています。

そんな信盛さんが取った異名は〝退《の》き佐久間〟！

これは、信盛さんが「殿軍《でんぐん》（しんがり）」を得意としていたことに由来するものでした。

殿軍というのは、撤退戦の時に味方の軍の最後尾に陣を敷いて、敵軍を食い止める役割のことを言います。この任務はかなりリスキーで、討ち死にする可能性が非常に高かったため、実力の

ある武将が任されることが多く、褒賞《ほうしょう》も良かったそうです。

◆〝退き佐久間〟の手腕にかげり？——「三方ヶ原の戦い」

多くの戦で安定した成績を残すベテラン武将の信盛さん。その真価が問われる戦が起きました。それが一五七二年（元亀三）の「三方ヶ原《みかたはら》の戦い」です！

甲斐《かい》（山梨県）を拠点とした武田信玄《たけだしんげん》が、信長の同盟相手である徳川家康《とくがわいえやす》の領地に侵攻を始めたのです。信玄は上洛を目指していたといわれており、家康を倒した後の標的は信長ということは明らかでした。

信玄は家康の支配下の城を次々に落とし、本拠地の浜松城に迫りました。『信長公記《しんちょうこうき》』などによると、この時、信盛さんは信長に命じられて、平手汎秀《ひらてひろひで》（平手政秀《まさひで》の子。政秀は信長の守役だった）と水野信元《みずののぶもと》（家康の叔父。信長の家臣だった）とともに、援軍として三千（二万とも）の兵を率いて家康のもとを訪れていました。

浜松城の目前に迫る武田の大軍！

しかし、武田軍は浜松城を攻めることなく、ルートを西へ変えていきました。これを目にした家康は「武士の一分《いちぶん》が立たぬ！」とばかりに城を飛び出して、武田軍を追撃しようとしました。信元は籠城《ろうじょう》戦を主張したようですが、最終的に家康の意見に従って、信盛さんたちの織田軍も出陣をしています。

決戦の地は三方ヶ原！

徳川・織田連合軍がその地に辿《たど》り着くと、驚愕《きょうがく》の光景が広がっていたといいます。武田軍は連合軍をおびき出すために、わざと浜松城を素通りして迎撃する準備をしていたのです。

逆に不意を突かれる形となった連合軍ですが、家康は覚悟を決めて戦うことを選びます。

そして、ついに両軍は激突！

徳川軍とともに汎秀と信元も武田軍に攻めかかりますが、そこに信盛さんの姿はありません。

なんと、信盛さんはほとんど戦うことなく、戦場から逃げ出してしまったのです！

撤退の理由は「とてもじゃないけど勝ち目がない」と思ったからだったそうです。まさに退き佐久間です……。

確かに、撤退理由はわかるのですが、織田家を代表して援軍に駆け付けているわけですから、信長や自身の面目のためにも、戦ったほうが良かったのでは。

結果的に、この戦は徳川・織田軍の大惨敗。わずか二時間ほどで決着が付いてしまったといいます。

戦場を勝手に逃走した信盛さんに対して、汎秀は戦場に留まって討ち死にを遂げ、信元は奮戦した後に浜松城に戻り、憔悴《しょうすい》していた家康に代わって城内の指揮を執ったといいます。

信盛さんの逃走は、信長が織田軍のダメージを抑えるために命じたものだという見方もありますが、汎秀の討ち死にや、信元の奮戦を見るとその可能性は低いように思われます。

兵士たちの損害もなく、自身も生き残っているので、戦術的には間違っていないのかもしれませんが、このことをきっかけに信盛さんは臆病者の烙印《らくいん》を押され、信長はこの卑怯《ひきょう》な振る舞いを根に持ち、信盛さんの評価はガクッと下がっていってしまったのです。

◆遅参の言い訳に激怒する信長に逆ギレ！

泣きっ面にハチ。悪い時には悪いことが重なるものです。

「三方ヶ原の戦い」から一年も経たない頃、織田軍は浅井《あざい》家の小谷城《おだにじょう》（滋賀県長浜市）を取り囲んでいました。浅井家の救援に訪れたのは越前（福井県）の朝倉家でした。織田軍と浅井・朝倉軍の睨《にら》み合いが続く中、周囲を嵐が襲いました。

信長は「この嵐で相手は油断している！」と考え、朝倉軍のいくつかの砦に奇襲を仕掛けて陥落させました。この奇襲に成功した信長は「朝倉軍は必ず撤退するから、好機を逃すな！」と家臣たちに命じました。

命じられた家臣たちには、柴田勝家《しばたかついえ》や羽柴秀吉《はしばひでよし》、そして信盛さんなどがいました。

信長の予言通り、朝倉軍は撤退を始め、信長は自ら兵を率いて激しい追撃戦を始めたのです。

ところが、信盛さんをはじめとした諸将たちは、事前に命令を下されていたのに、この追撃戦に遅刻をしてしまいます。もちろん信長は激怒！　諸将たちはただただ平伏して頭を下げるだけでした。

そんな中、勇敢にも（？）信長に反論してしまう武将がいたのです。それが信盛さんでした！

信盛さんは涙ながらに、信長にこう反論したといいます。

「そのようにおっしゃられても、我々のような優秀な家臣たちは、中々持てるものではありません！」

この反論に対して、信長は「言い訳するな！」とばかりに大激怒！

しかも、信盛さんは何を思ったか、反論した後に席を蹴って、その場を退出してしまったのです。ここでも退き佐久間!?

こうして、信盛さんは逆ギレをして、信長の顔に泥を塗ってしまったのです。過去の嫌な思い出を忘れることなく抱き続ける性格の持ち主である信長は、この時の信盛さんの振る舞いを、三方ヶ原の一件とともに、この後ずっと根に持っていました。そのことがはっきりわかる出来事が一五八〇年（天正八）に起きるのです。

◆信長からリストラの十九カ条！

信盛さんは、一五七六年（天正四）から「石山合戦《いしやまかっせん》」の総大将に任命されました。相手は一向一揆《いっこういっき》の力を背景に、大名よりも強力な勢力を持っていた石山本願寺《ほんがんじ》（後に大坂城が建てられる場所にあった）でした。

中国地方の大大名の毛利《もうり》家と同盟を組んでいた石山本願寺は、一五七〇年（元亀元）から信長と戦っていました。その長期戦に決着を付けようと、信長は七カ国（三河、尾張、近江、大和、河内、和泉、紀伊）の軍勢という、織田家最大の兵力を信盛さんに与えました。

ところが、信盛さんは積極的に石山本願寺を攻めようとはせずに、戦況は膠着《こうちゃく》していきました。

結局、約五年にわたる睨み合いの後、信長自身が長期戦の解決に動き出しました。信長は朝廷に仲介を頼んで、石山本願寺と和睦を結び、寺は信長に明け渡され、実質的に信長の勝利となったのでした。

これにて一件落着！――とは、もちろんなりません。

和睦は四月に、寺の明け渡しは八月に行われたのですが、この明け渡しの月に信盛さんに信長から直筆の書状が届きました。それは『折檻状《せっかんじょう》』といわれるもので、十九カ条に及ぶ信盛さんに対する信長のダメ出しが書かれていました。『信長公記』に残されているので、意訳してご紹介いたします。

一　佐久間信盛・信栄《のぶひで》親子は五年間、何をやっていた！　世間も自分も不審に思っているぞ！

一　何年かすれば信長の威光によって、坊主たちが石山本願寺から出て行くと考えていたのか！　武者の道とは、そういうものではない！　持久戦にこだわり続けたのは浅はかだ！

一　丹波（京都府北部）での明智光秀《あけちみつひで》の活躍は凄かった！　羽柴秀吉の数カ国にわたる働きも凄かった！　池田恒興《いけだつねおき》は小禄ではあるが、花隈城《はなくまじょう》を時間を掛けずに落として凄かった！だから、信盛も奮起して頑張るべきだろ！

一　柴田勝家はこれらの働きを聞いて、越前一国を持っているのに、新たな手柄を挙げようと、この春に加賀（石川県）に出陣して平定したぞ！

一　戦が思い通りに行かないなら、頭を使って謀略をして、足りないところは信長に助言を求めてくるべきなのに、五年間それすらないのは怠慢でけしからん！

一信盛が与力へ宛てた書状には「本願寺に籠《こも》る一揆衆を倒せば、他の小さな城の一揆衆も退散するだろう」とあり、信盛親子も連判しているな。今まで一度もそうした報告をしたことがないのに、こうした書状を送ってくるというのは、自分の苦しい立場をかわすため、あれこれと言い訳をしているのだろう！

一七カ国から与力を与えられているという織田家の特別待遇を受けているな。これに自身の配下を加えれば、どう戦おうともこれほど失敗することはなかっただろう！

一水野信元が亡くなった後に刈谷を領地として与えたので、家臣も増えたかと思えばそうではなく、それどころか水野の旧臣たちを追放してしまったな。しかも、その領地を信盛の直轄地として、収益を金銀に換えているらしいな。言語道断《ごんごどうだん》である！

一山崎の地を与えたのに、信長が声をかけておいた者をすぐに追放してしまった。これも先の刈谷の件と一緒じゃないか！

一以前からの家臣に領地を増やしてやったり、与力を付けたり、新規に家臣を召し抱えたりしていれば、これほどの落ち度はなかっただろう。ケチ臭く、お金を溜め込むことばかり考えるから今回、天下の面目を失ってしまったのだ！

一**先年、朝倉を破った戦いの時、自分が悪いにもかかわらず、恐縮することなく、自分の正当性を主張して、さらには席を蹴って立ったな。これによって信長は面目を失った。そんなことを偉そうに言っておきながら、本願寺を相手に長期戦となって在陣し続けるなど、その卑怯な振る舞いは前代未聞だ！**

一　甚九郎《じんくろう》（息子：信栄）の罪状を書き並べればきりがない！

一　大まかに言えば、第一に欲深くて気難しく、良い家臣を抱えようともしない。その上、物事をいい加減にこなすのだから、親子ともども、武者の道を心得ていないのだ！

一　自分の家臣ではなく、信長が貸し与えている与力ばかり使っている。攻撃に備える際、与力に軍役を務めさせ、自分では家臣を召し抱えず、領地はほったらかしで無駄にして卑怯だ！

一　信盛の与力や家臣たちまで、信栄に遠慮している。信栄は穏やかなふりをして、その場を取りつくろった振る舞いをしているようだが、実は綿の中に針を隠し立てたような怖い扱いをするので、みんな気を遣っているのだ！

一　信長の代になって三十年間奉公してきた間、「信盛の活躍は比類なし」と言われるような働きは一度もない！

一　**信長の生涯の内、勝利を失ったのは先年、三方ヶ原へ援軍を使わした時で、勝ち負けがあるのは仕方ない。しかし、信盛の軍勢は一人も死者を出していない。しかも、もう一人の援軍の将の平手汎秀を見殺しにしたのに平然とした顔をしていることは、思慮がなさすぎる！**

一　こうなれば、どこかの敵を倒して、恥をすすいだ上で帰参するか、どこかで討ち死にしろ！

一　親子ともども頭をまるめ、高野山《こうやさん》にでも隠居して、ひたすら赦《ゆる》しを乞うのが当然だ！

右のように数年の間、一廉《ひとかど》の武勲もなく、未練の子細はこのたびの与力へ宛てた書状の件で思い当たった。

そもそも、天下を支配している信長に対して、楯突《たてつ》く者どもは信盛から始まったのだ。その償いに最後の二カ条を実行してみせよ。承知しなければ二度と天下が許すことはないであろう。

以上です。最後の二カ条と締めくくりの一言が、特に怖すぎですね。信盛さんは、この折檻状を受けて織田家を追放（リストラ）され、高野山から熊野の山奥に追われてしまったのです。

その時、佐久間親子に従った家臣はたった一人だったといわれています。

そして、一五八二年（天正十）一月十六日に、熊野の山奥（もしくは湯治で訪れた大和の十津川《とつかわ》）でひっそりと亡くなったといいます。

困難を極める殿軍を得意とした信盛さんでしたが、名誉よりも自分の命や財産を大事にしたため、武者の道を外れた卑怯な者という評価を下され、最終的に織田家を追放されて寂しく亡くなってしまいました。

その生き方は決して間違っていないと思いますが、立場ある者である限り、勝負をしなければならない場面で退いてはいけないということを信盛さんは教えてくれているような気がします。

織田信雄

何をしても、何もしなくても、色々やらかす信長の「不肖の息子」

PONKOTSU POINT

戦術	★
知略	★★
血筋	★★★★★
造園力	★★★★★

◆北畠家乗っ取りに利用された前半生

戦国武将人気ナンバーワンといえば、やはり織田信長《おだのぶなが》でしょう！　尾張の小大名から次々と諸国を併呑《へいどん》していき、天下人として乱世に君臨しました。その信長の次男にあたる人物が、今回の主人公の織田信雄です。名前は「のぶかつ」と読むのが一般的ですが、「のぶお」と読む場合もあるのでそれも間違いではないようです。のぶおさんといったほうが、なんだか親しみが出ますね。読者の皆さんは、お好きなほうでお読みください。

信雄さんの生年は一五五八年（永禄元）、生誕地は母・吉乃《よしの》の実家の生駒《いこま》屋敷（愛知県江南市）でした。この頃、父の信長は尾張（愛知県西部）を統一するために奔走し、翌年に成し遂げています。そして、一五六〇年（永禄三）には「桶狭間《おけはざま》の戦い」で今川義元《いまがわよしもと》を撃破。その二年後に松《まつ》平《だいら》元康《もとやす》（後の徳川家康《とくがわいえやす》）と「清洲同盟」を組んだ信長は、美濃（岐阜県）と伊勢（三重県）に領地を拡大しようとしました。この時、伊勢を攻め取るために利用されたのが信雄さんでした。

当時、伊勢には北畠具教《きたばたけとものり》という、公家を先祖に持つ名門の大名が支配していました。一五六九年（永禄十二）、具教の大河内城《おかわち》を攻めた信長は、和睦を結ぶ条件として信雄さんを北畠具房《ともふさ》（具教の息子）の養子に送り込んだのです。狙いは北畠家を乗っ取ることでした。このような策は、戦国時代にはよく見られるもので、代表的なところだと安芸《あき》（広島県）の毛利元就《もうりもとなり》が次男（吉川《きっかわ》元春《もとはる》）を吉川家に、三男（小早川隆景《こばやかわたかかげ》）を小早川家に、七男（天野元政《あまのもとまさ》）を天野家に養子として送り込み、それぞれの家を乗っ取り、戦うことなく勢力を拡大しています。

養子となった信雄さんは、雪姫（具房の妹）を正室に迎えて、一五七二年（元亀三）に十五歳で元服して「北畠具豊《ともとよ》」と名乗りました。そして、それから三年後に北畠家の家督を相続して「北畠信意《のぶおき》」と改名。その翌年の一五七六年（天正四）には「三瀬《みせ》の変」で北畠具教を暗殺して北畠具房を幽閉し、信長は完全に北畠家を乗っ取り、十九歳となった信雄さんを擁立《ようりつ》して伊勢を手に入れたのです。

さて、ここで読者の皆さんはお気づきだと思います。

信雄さんは〝親の七光り〟で伊勢の国主となっただけで、自分の意志ではまったく何もしていない、できていないということに。もちろん、いくつかの戦には出陣していますが、つねに補佐役が側に付いていたため、信雄さんは基本的には信長の意のままに動かされていました。

「自分の意志で何かやってみたい！」――これは私の想像ですが、抑圧された環境で育った若き信雄さんは、そういったことを考えたのかもしれません。

◆父に無断で「第一次天正伊賀の乱」に出兵、大惨敗

一五七九年（天正七）九月十六日、二十二歳になった信雄さんは一万（七千とも）の大軍を率いて、隣国の伊賀（三重県）に攻め込みました。世にいう「第一次天正伊賀の乱」です。小説が原作で映画化もされた『忍びの国』の基になった合戦です。

この戦は大問題を抱えていました。実は信雄さんは、父の信長に無断で出陣してしまったのです！　伊賀は他の普通の国とは異なり、地侍の自治によって成り立つ独立国のような国でした。米があまり取れない国柄から、地侍たちの中には、諸国の戦に傭兵として参戦して金銭を稼ぐ者もいたり、情報収集や破壊活動、暗殺などをしたりして生計を立てる者もいました。これが忍者といわれる人たちです。

信長の下で勝ち戦しか経験していない信雄さんは、こういった名もなき者たちをなめてかかってしまいました。伊賀に三方から攻め込んだ信雄軍は、伊賀衆のゲリラ戦術（夜襲や撹乱《かくらん》攻撃など）に大混乱となり、大惨敗を喫してしまったのです。

しかも、被害はかなり甚大……。信雄さんの補佐を務めた重臣の柘植《つげ》保重《やすしげ》が、信雄さんを落ち延びさせるために殿軍《しんがり》（撤退軍の最後尾）を務め、討ち死にを遂げるなど多くの家臣を失い、信雄さんも命からがら伊勢へ逃げ帰ったのでした。

許可してもいない戦で多くの人材を討ち死にさせた信雄さんに対して、信長はもちろん大激怒！

その時、信雄さんに送られてきた書状の内容が伝わっているので、意訳してご紹介します。

「この度、伊賀の国境で大敗したそうだが、これは天の道理に反することで**天罰**といえよう。遠国（摂津などの畿内の国）へ遠征すれば兵たちは疲れ果てるため、隣国（伊賀）で合戦をすれば遠国へは出兵せずに済むと考えたのか。もっと厳しくいえば、**若気の至り**でこうなったのか。本当に無念この上ない。／上方（摂津など）へ出陣すれば、それは天下のためになり、父への奉公、兄の城介《じょうのすけ》（織田信忠《のぶただ》）への思いやりにもなるのだ。そして、何よりそなたの為になるではないか。／その上、三郎左衛門《さぶろうざえもん》（柘植保重）をはじめとした武将を討ち死にさせたのは**言語道断**《ごんごどうだん》で、けしからぬことである。いつまでもそのような覚悟なら、**親子の縁を切る**ことになると思うがよい。なお、詳細は使者が伝えるであろう。

信長

北畠中将（織田信雄）殿」

こわ（笑）。

「若気の至りか！　言語道断！　親子の縁を切るぞ！」と文字通りの信長大激怒ということで、この書状を受け取った信雄さんは大いに震え上がったことでしょう。

個人的には最後の織田信雄〝殿〟と、ちゃんと丁寧なところが一番怖いです。この一件以降、信雄さんには目立った動向がありません。ちょっと干されていたのか、大人しくしていたのか、それはわかりません。

ちなみにこの書状は、信長と信忠父子の廟所《びょうしょ》がある崇福寺《そうふくじ》（岐阜県岐阜市）に現存しています。

◆「本能寺の変」勃発……なのに帰宅？　なぜ、どうして信雄さん

一五八二年（天正十）六月二日、「本能寺の変」が起き、父の信長が本能寺にて、兄の信忠が二条御所にて討ち死にをしました。織田家の後継者となるのは、順番的にいえば、次男の信雄さんということになります。

後継者であることをアピールするためには、父と兄の弔《とむら》い合戦をして、明智光秀《あけちみつひで》を討つことが何より大事です。

「本能寺の変」が起きた時、信雄さんがいたのは自分の領地の伊勢でした。伊勢から京都に行くには近江《おうみ》（滋賀県）を抜ければすぐです。

このタイミングで信雄さんが取った行動は、もちろん出陣！

そこはいくらポンコツでも、信長の息子です。報せを受けた信雄さんは父と兄の弔い合戦に向かったのですが、ここからがよろしくありません。明智光秀や周囲の武将たちの様子を見ながらの行軍だったのか、京都に向かう途中の近江の甲賀《こうか》郡土山《つちやま》（滋賀県甲賀市）まで来たところで、思わぬ報せが、信雄さんのもとに届きました。

なんと、羽柴秀吉《はしばひでよし》が「山崎の戦い」（六月十三日）で明智光秀を討ち、光秀は敗走中に敗死したというのです。その報告を受けた、信雄さんがここで取った行動は帰宅！　なんと、戦うことなく伊勢に撤退をしてしまったのです。

この時、信雄さんにも諸事情（手元の兵力が少なかった、伊賀の地侍が不穏な動きを見せた）があったので、仕方がない部分もあるのですが、この弔い合戦に参加しなかったことが、この後の後

継者争いで悪い方向に向かわせる要素になったことは間違いありません。

そして、この後、もう一つやらかしてしまいます。

明智光秀は「本能寺の変」の後に、かつての織田信長の居城だった安土《あづち》城を占拠しました。しかし、「山崎の戦い」で光秀が敗れたことを知った明智軍は、安土城を放棄したのです。これを狙ったのが、信雄さんでした。

信雄さんは弔い合戦に参加できなかったことを挽回するかのように、兵を率いて安土城に入城。しかし、ここで信雄さんはしくじります。信雄さんは安土城や城下町に忍んでいるかもしれない明智軍の残党を炙《あぶ》り出すために、ある手段を取ってしまうのです。それが放火でした。

信雄さんの軍勢は、信長の繁栄を象徴する安土城の建築物や豪華絢爛《けんらん》な五層七階の天守に火を放ち、あっという間に城は焼け落ちてしまったのです。

この時の様子は、宣教師のルイス・フロイスの記録に次のように残されています。

「(安土城の)付近にいた信長の子、御本所(信雄さん)は普通よりも知恵が劣っていたので、特に理由もなく屋敷と城を焼き払うように命じた」

いやはや「知恵が劣っていた」とは、なかなか辛辣《しんらつ》な文言ですね(笑)。

安土城の焼失については諸説(明智軍が焼いた、など)あるので、絶対に信雄さんがやったとは言い切れないのですが、これは有力な説の一つとして取り扱われています。

とにかく、このような噂《うわさ》が立って記録が残ってしまうほど、信雄さんのポンコツぶりは浸透していたようです。また、織田家の家中でも信雄さんが何かミスをしても「三介殿(信雄さん)のなさる事よ」と呆《あき》れられ、無能だと思われていたといいます。

信雄さんはそういった星の下に生まれた人なのでしょうか、やることなすこと悪い方向にばかり進んでしまいます。まるで父の信長が、信雄さんの運をすべて吸い取ってこの世を去ってしまったかのようです。そうなのです、この後も信雄さんの〝なさる事＝ミス〟は続いていきます。

◆織田家の跡取りに名乗りを上げるも相手にされず

「山崎の戦い」から二週間後の六月二十七日、尾張の清洲《きよす》城で織田家の後継者と遺領の配分を決定する会議が行われました。いわゆる「清洲会議」です。「桶狭間の戦い」で信長が出陣を決めた織田家ゆかりの地で開かれたこの会議には、織田家の宿老であった柴田勝家《しばたかついえ》、丹羽長秀《にわながひで》、池田恒興《いけだつねおき》、羽柴秀吉の四人が参加したといいます。

信雄さんは、弟の信孝《のぶたか》とともに「後継者は自分である！」として譲りませんでした。なんとか後継者になるために、この会議の三日前に、信雄さんは岐阜城に陣を張っていた秀吉に書状を送っています。その内容は次のようなものでした。

「そちら（岐阜城）の近くに陣地を移そうと思ったが、適地がなく、まず北方（三重県四日市市の北部か岐阜市の西部）あたりに陣地を置きました。そちらの状況に応じ決めていただき、連絡をください。それを受けてそちらの近くへ陣地を移します」

先月まで家臣だった秀吉に宛てた書状とは思えないほどへりくだっています。明智光秀を討った功績はそれほど大きく、その戦に参加できなかった信雄さんは、秀吉にかなり気を遣っていたようです。

この書状を受け取った秀吉が選んだ後継者は、信雄さん！――ではなく、信長の孫にあたる三《さん》法師《ぼうし》（信忠の子）でした。それに対して、秀吉と覇権を争うことになった柴田勝家が擁立《ようりつ》したのが、信雄さん！――でもなく、三男の信孝でした。両者とも次男である信雄さんを推すことも選択肢としてあったはずですが、なぜか華麗にスルー。信雄さんのポンコツぶりが浸透していたためなのでしょうか。

さて、柴田勝家は信雄さんと同じく弔い合戦に参加できなかったことから発言力が秀吉に劣り、後継者は秀吉が推す三法師に決定となりました。信雄さんと信孝は三法師の後見人となり、秀吉ら四人の宿老が補佐をする体制ができました。この時の領地配分で、信雄さんは尾張・伊賀・南伊勢の百万石が領地となっています。

この会議の後、信雄さんは再び改名をしています。「北畠信意」という名では跡取りになれないだろうと考え、「織田」に復姓して、名も「信勝（後に信雄）」へと改めたのです。ここに来てようやく「織田信雄」さんの完成というわけです。

この改名、信雄さんにしては珍しく良い方向に進みます。

清洲会議から四カ月後、この頃になると三法師を擁立する秀吉の軍営（丹羽長秀、池田恒興など）と織田信孝を擁立する柴田勝家の軍営（滝川一益《たきがわかずます》など）の対立は激しくなってきました。そこで秀吉陣営は、一五八二年（天正十）十月二十八日に清洲会議の決定を反故《ほご》にして、なんと信雄さんを織田家の当主に据えて柴田勝家陣営に対抗しようとしたのです。

当然ではあるのですが、三法師は当時まだ三歳だったため自分の意志で当主を務めることはできませんでした。さらに、お市《いち》（信長の妹）が柴田勝家に嫁ぎ、影響力を持ち始めていたこともあったので、秀吉陣営は「元服を迎えた当主を据えたほうが良い」というような流れになったのでしょう、仕方なく（？）信雄さんを擁立しました。

「この時を待っていた！」とばかりに信雄さんは躍起します。

一五八三年（天正十一）四月に「賤《しず》ヶ岳《たけ》の戦い」が勃発して秀吉が柴田勝家に勝利を収めて、北《きた》ノ庄《しょう》城で自刃《じじん》に追い込むと、信雄さんは弟の信孝が籠《こも》る岐阜城を攻めて降伏させて、信雄さんの命令で尾張に護送する間に信孝を切腹に追い込みました。『勢州軍記』などには、信孝の辞世の句が残されています。

「むかしより　主をうつみの　野間なれば　むくいを待てや　羽柴ちくぜん」

つまり、「主を討ったらどうなるか報いを待つが良い、羽柴筑前（秀吉）！」という秀吉に対する激しい怒りが込められた句なのですが、ちょっと待ってください、切腹を命じたのは信雄さんです。まったく相手にされていません。周囲から見れば、信雄さんは秀吉の操り人形で、黒幕は秀吉ということは周知の事実だったのでしょう。

◆「秀吉許すまじ！」と挙兵するも、気付けば秀吉軍の総大将？

この後、秀吉は天下取りの野心を表面化させていきます。

安土城に入ったものの秀吉から退去を命じられた信雄さんは、ようやく自分が利用されていることに気付いたのでしょう、秀吉との対立を一気に深めていきます。そして、一五八四年（天正十二）に秀吉との間を取り持っていた自分の重臣三人を信雄さんは暗殺して秀吉に宣戦布告！　さらに秀吉に対抗できると見込んだ、かつての織田家の盟友だった徳川家康と同盟を組んだのです。この後、両陣営は対立を深め、ついに「小牧《こまき》・長久手《ながくて》の戦い」が勃発しました。

信雄さんは家康の援軍を得た上に、さらに土佐（高知県）の長宗我部元親《ちょうそかべもとちか》や越中（富山県）の佐々成政《さっさなりまさ》、紀伊（和歌山県）の雑賀衆《さいかしゅう》などとも同盟を組んで、秀吉陣営に対抗しました。信雄さんは清洲城、家康は小牧山城に入り、秀吉は犬山城に入って両者は対峙しました。戦況は膠着状《こうちゃく》態となったのですが、ここで秀吉陣営が動きます。羽柴秀次《ひでつぐ》（秀吉の甥《おい》）が池田恒興や森長可《もりながよし》などを率いて別働隊を結成し、家康の本拠地の岡崎城に奇襲を仕掛けようとしたのです。

これを見破った信雄さん陣営は、この別働隊を（主に徳川軍の活躍で）打ち破り、池田恒興や森長可を討ち取るという大勝利を収めたのです。

「このまま秀吉陣営を叩いてしまおう」となるところなのですが、ここで問題が発生します。長久手方面の戦で大勝利を収めたものの、信雄さんの領地に面した伊勢方面の戦では苦戦を強《し》いられていたのです。また、宣戦布告のために斬った重臣三人の一族が信雄さんから離反する（当然です）など、秀吉陣営が有利に戦況を進めていました。

とはいえ、秀吉は周囲に敵（徳川家康、長宗我部元親、佐々成政、雑賀衆など）を抱えていたため、非常に難しい戦況でした。そこで秀吉は、この戦を終わらせるために、ある策を取ります。それは信雄さんと和議を結ぶことでした。信雄さん陣営の大義名分は「秀吉が織田家を奪おうとしている！　だから、正当な継承者である信雄さんを支援する」というものなので、その根本と和議を結んでしまえば終戦となるのです。秀吉は、すでに侵攻していた伊賀と伊勢半国を信雄さんに譲ることを条件に和議を申し出たのです。

さて、皆さんならここでどうしますか？

「和議などもってのほか！　父が築き上げた織田家を渡してなるものか。秀吉陣営を囲んだ同盟軍で徹底的に叩く！」となりそうなものですが、自身の領地に攻め込まれていることもあってか、信雄さんは自分が大義名分であることなど考えず、秀吉と和議を結んでしまうのです。

そして、同盟相手のことはさておき、戦線を離脱！　戦う理由がなくなってしまった家康も三河に帰国し、こうして「小牧・長久手の戦い」は終戦を迎えたのでした。まさに、「三介殿のなさる事」です。

これには同盟相手も困惑しました。特に北陸の佐々成政は、秀吉陣営の前田利家《まえだとしいえ》と対峙していたものですからたまりません。十一月十二日に和議が結ばれたと知った成政は「もう一度、出陣をしてくれ」と家康に頼むために、なんと冬の北アルプスや立山連峰を踏破して、浜松城の家康を訪ねたのです。この成政の冬山踏破は「さらさら越え（さらさ越え）」といわれています。成政は家康の説得に失敗し、続いて信雄さんのもとへ向かいましたが、当然快い返事は得られませんでした。冬の雪山を踏破して何も得るものがなかった成政の心中はいかばかりか。それもこれも信雄さんのせい。周囲にかなり迷惑を掛けてしまっています。

独断で秀吉と和議を結んだ信雄さんは、秀吉の勢いに屈したのか、なんと家臣となってしまいます。

この後、秀吉は「小牧・長久手の戦い」で敵対した勢力を征伐しに向かいます。まずは雑賀衆の紀伊に攻め込んで降伏させると（紀州征伐）、次の狙いは佐々成政に定められました。この「越中征伐」の総大将に就任したのが、なんと信雄さんでした。

「何してんですか、信雄さん（笑）！」と思わずツッコミたくなる転身ぶりです。

この戦は成政が降伏を申し出て終戦となり、この降伏の仲介を信雄さんがしたのは評価できる点ですが、成政からすれば「誰のせいで攻められてると思ってんだよ！」と恨み言を言いたかったことでしょう。

また、この後、長宗我部元親も「四国征伐」によって秀吉に降伏しています。

さらに秀吉は「九州征伐」で島津《しまづ》家を降伏させ、敵対する大勢力は、関東を治める小田原の北条《ほうじょう》家を残すのみとなりました。そして、信雄さんはこの局面でまた〝なさる事〟をなさるのです。

◆「故郷を離れたくない！」と秀吉に反抗……で、改易

一五九〇年（天正十八）、秀吉は北条家を滅ぼすために挙兵しました。世にいう「小田原攻め」です。

信雄さんはこれに従軍して韮山城《にらやまじょう》（小田原城の支城）を包囲して開城に貢献し、さらに小田原城の包囲戦にも加わって、豊臣軍を代表して北条家が降伏するように交渉を進める役割を果たしました。「越中征伐」の時もそうですが、信雄さんは交渉人としての能力には長《た》けていたのかもしれません。

北条家は信雄さんの説得もあり、小田原城を開城し、これをもって秀吉は（まだ東北に敵対する小勢力があったものの）天下統一を成し遂げました。その戦で珍しく結果を残した信雄さんは、秀吉から家康の旧領である三河・遠江・駿河《するが》・甲斐《かい》・信濃の五カ国への転封《てんぽう》を命じられました（家康は北条家の旧領の関東への移封が決まっていた）。

家康の旧領五カ国は、石高《こくだか》にすると約百五十万石！　石高百万石からの大加増です。

この転封・加増の命令を信雄さんは、なんと拒否！　理由は「父祖の地である尾張を離れたくない」ということでした。これを聞いた秀吉は当然、大激怒します。秀吉は「もう、こいつダメだ」と思ったのでしょうか、信雄さんに下った命令は改易《かいえき》でした。つまりは、すべての領地の没収を命じられてしまったのです。

小田原城の開城が七月五日で、信雄さんの改易は七月十三日だったといいます。

改易後は下野《しもつけ》（栃木県）の烏山《からすやま》に流罪を命じられ、何か思うところがあったのでしょうか、出家して「常真」と号しました。その後、流罪先は出羽の秋田（秋田県）や伊予（愛媛県）と転々とした後、家康の取り成しでようやく秀吉に許してもらいました。赦免された信雄さんは、秀吉の御伽衆《おとぎしゅう》（秀吉の話相手となる側近）に取り立てられて、大和《やまと》（奈良県）に一万八千石の領地を与えられ、信雄さんの息子の織田秀雄《ひでかつ》も越前（福井県）の大野に五万石を与えられています。

これにて一件落着！　めでたしめでたし……と、ならないのが信雄さんです。まだまだやらかします。

◆「関ヶ原」を傍観……で、家康から改易

秀吉の死後、豊臣政権の覇権を巡って一六〇〇年（慶長五）に「関ヶ原の戦い」が起こりました。天下分け目のこの戦で、信雄さんは何をしたかといいますと、特に何もしませんでした。中立を保ち傍観をしていたのですが、これを西軍に与《くみ》したように見られたため、家康から改易を命じられてしまいました。またまた、領地を没収されてしまったのです！（息子の秀雄も一緒に改易となりました）

何かすれば怒られて、何もしなくても怒られて、何だか信雄さんに同情してしまいます（笑）。

さて、家康から改易された後は、豊臣家に仕えて家臣となります。その後、徳川家と豊臣家は対立を深め、ついに「大坂の陣」が起こります。大坂城には歴戦の強者である多くの浪人たちが集まり始めました。この烏合の衆をまとめる総大将を誰にすれば良いのか、大坂城ではそのような議論がされていました。そして、総大将役に浮上したのが、なんと信雄さんでした。

しかし、信雄さんは開戦直前に大坂城を脱出して、家康のもとへ逃げ込んでしまうのです。理由は定かではありませんが、一説によると、信雄さんは家康が大坂城内に送り込んだスパイだったといわれています。スパイにしろ何にしろ、戦の直前に豊臣家から徳川家に寝返ったわけです。結果的に徳川家が勝利を収めるので、その判断はカッコよくはありませんが、見事です。

その後、スパイとしての功績を評価されたのか、大和の宇陀《うだ》郡と上野《こうずけ》の甘楽《かんら》郡などに五万石の領地を与えられ、再び大名に復帰しています。こうして、ようやく信雄さんは落ち着きます。

その後は悠々自適の文化的な生活を送り、上野の甘楽郡の領地に「楽山園《らくさんえん》」という大名庭園を造園します（周囲の山々を借景としたこの庭園は本当にキレイ！　当時と変わらぬ風景のまま現存していて、今は「国指定名勝」に指定されている）。

庭園の名前は、信雄さんが論語の「知者は水を楽しみ、仁者は山を楽しむ」という故事から取って名付けたといいます。これって「仁者は山を楽しむ」のほうだけを引用してますよね。ということは、信雄さんはひょっとして、自分が知者じゃないと自覚していたのかもしれません（ルイス・フロイスの記録の「普通よりも知恵が劣っていた」がフラッシュバックしてきます）。

仁者とは、深い愛情をもって人と交わる者のことをいいますが、信雄さんは自分をそのタイプだと思ったのでしょうか。武将としてはポンコツだけど、どこか憎めない優しくて可愛らしい人。信雄さんはそのような人物だったのかもしれません。

そういった人物だったからこそ「越中征伐」や「小田原攻め」などで和平の交渉役を務め上げられたのでしょう。また、これだけミスを重ねても最終的に大名となり、京都で悠々自適な隠居生活を送って生涯を終える（享年七十三）ことができたのは、ひとえに信雄さんの憎めなさにあったのかもしれません。

信雄さんの系譜はそれ以降も続き、大名として明治維新を迎え、現在の織田家十八代当主の織田信孝氏は信雄さんの子孫に当たります。

徳川秀忠

関ヶ原の戦いに遅刻した家康の三男は名中継ぎ役

PONKOTSU POINT

戦術	★★
人柄	★★★★
繋ぎ役	★★★★★
時間配分	★

◆父・家康を二回も激怒させたほどの戦下手

徳川家康《とくがわいえやす》の三男である徳川秀忠《ひでただ》は、一六〇三年（慶長八）に二十五歳で江戸幕府の第二代将軍に就任して、一六一五年（慶長二十）に「大坂夏の陣」で豊臣《とよとみ》家を滅ぼすと、大御所《おおごしょ》と称していた父の家康とともに武家を統制する「武家諸法度《ぶけしょはっと》」や朝廷を統制する「禁中並公家諸法度《きんちゅうならびにくげしょはっと》」を制定して幕府政権の安泰化を図りました。

翌年に家康が没すると、将軍中心の政治を推し進めて、多くの大名たちを改易《かいえき》（領地没収）に追い込むなど厳しく統制し始めました。広島城主の福島正則《ふくしままさのり》などの外様大名はもちろん、家康の側近だった本多正純《ほんだまさずみ》や、自分の身内である弟の松平忠輝《まつだいらただてる》（家康の六男）や甥《おい》の松平忠直《ただなお》（兄・結城《ゆうき》秀康《ひでやす》の息子）などが改易となっています。

また、外国との貿易を平戸港と長崎港に限定して、後の「鎖国《さこく》」に繋《つな》げる海外政策を行いました。

その後、一六二三年（元和九）に四十五歳で嫡男《ちゃくなん》の徳川家光《いえみつ》に譲ったものの、家康と同じく大御所となって実権を揮い、二代将軍として江戸幕府の基礎を築き上げて政権を安定させていきました。

このように政治家として非常に優れた一面を持つ秀忠さんですが、ある分野に関してはポンコツな一面を持っていました。それが「合戦」でした。

秀忠さんは、日本史の中でも有名な二つの合戦で、父の家康が激怒するほどのミスをやらかしているのです。

◆「関ヶ原の戦い」に大遅刻……家康面会拒否！

その一つ目の合戦が、一六〇〇年（慶長五）九月十五日に起きた天下分け目の「関ヶ原の戦い」でした。

この年の六月に、諸大名を率いて会津の「上杉征伐《うえすぎ》」に向かっていた家康は、石田三成《いしだみつなり》らが挙兵したことを聞いて軍勢を反転させて畿内を目指しました。家康が率いる軍勢は海沿いの東海道を使い、秀忠さんは信濃（長野県）を通る中山道《なかせんどう》を使って西を目指すことになりました。率いた軍勢の数は三万八千！　しかも、徳川家の精鋭部隊を与えられました。

その大軍の前に立ちはだかる、ある大名が現れます。それが真田《さなだ》家でした。

当主の真田昌幸《まさゆき》とその次男の真田信繁《のぶしげ》（幸村《ゆきむら》）は、わずか二千足らずの軍勢で上田城（長野県上田市）に籠城《ろうじょう》をして秀忠さんに敵対する姿勢を見せたのです。こうして「第二次上田合戦」が勃発しました。実はこれが秀忠さんの初陣《ういじん》でした。この時、東軍を率いる家康の息子として、何が何でも結果を残そうという気持ちが生まれていたことでしょう（ちなみに「第一次上田合戦」は一五八五年に起きて徳川軍が敗北。秀忠さんはまだ七歳）。

秀忠さんは九月二日に小諸城《こもろ》（長野県小諸市）に入ると、まずは真田家に降伏を勧めました。秀忠さんは大軍を率いているので、無理に力攻めをする必要はなく、降伏勧告は良い選択肢であるといえます。この勧告に対して、翌三日には真田昌幸のほうから真田信幸（昌幸の長男、東軍に付いていた）を通して「頭を剃って降参する」という降伏の報せが届きました。もちろん秀忠さんはこれを承諾して、四日に真田昌幸と会見しました。すると、詳しいことはわかりませんが、真田昌幸は会見の場で秀忠さんに無理難題を吹っ掛けて挑発するなど態度を一変したのです。一説によると、この一連の出来事は籠城戦を繰り広げるための真田昌幸の時間稼ぎの策略だったといわれています。初陣の秀忠さんは、老練な真田昌幸にまんまと嵌《は》められてしまったというわけです。

これを受けて秀忠さんは大激怒！　上田城を力ずくで攻め落とす決断を下すのです！　会見の翌五日に砥石城《といし》（上田城の支城）を真田信之の手で攻略させ（実際は城を守っていた真田信繁が上田城に撤退して明け渡しただけ）、六日に小諸城を出て上田城の攻略に本格的に取りかかりました。

翌七日に、秀忠さんはまず、刈田（稲を刈る挑発行為）を命じて真田家をおびき出す作戦を取りました。狙い通りに真田家の兵士たちが鉄砲を撃ち掛けてくると、秀忠さんの軍勢はこれに襲い掛かりました。真田軍はあっけなく敗走したため徳川軍は追撃を始めて、上田城に迫る勢いを見せました。しかし、これは真田昌幸の罠《わな》でした。城に近づいた徳川軍に対して、真田軍は弓矢や鉄砲などで激しい反撃を行い、徳川軍は多数の死傷者を出してしまいました。秀忠さんは挑発を仕掛けたつもりが、逆に罠に嵌《は》まってしまったのです。

敗走を始めた徳川軍に、城から出撃した真田軍が追撃を仕掛けます。さらに城下や砦などに潜んでいた伏兵の襲撃を受け、徳川軍はさらなる混乱に陥ります。なんとかして小諸城まで撤退しようとした徳川軍ですが、その途中に流れる神川《かんがわ》が急に氾濫《はんらん》を起こしていたため撤退がままなりませんでした。実はこの氾濫は人工的に起こされたものでした。事前に真田昌幸が上流に堰《せき》を築いており、徳川軍の敗走のタイミングで堰を切らせていたのです。大混乱となった徳川軍は溺死者も多数出したといわれています。

こうして、秀忠さんの初陣は徳川家康の実録をまとめた『烈祖成績《れっそせいせき》』という徳川方の史料にも「我が軍大いに敗れ、死傷算なし」と記されるほどの大惨敗という結果となり、秀忠さん自身も命からがら小諸城へ逃れました。

いつもは冷静な秀忠さんでしたが、完全にプライドを傷つけられてしまったためか、ここで上田城を攻め落とすことにこだわりを見せます。しかし、家臣の中には「攻略を見送って、家康の軍勢と早く合流すべき」という意見もあり、徳川軍は統一性を欠いてしまいました。

全軍を小諸城に撤退させた九月九日（八日とも）に、家康からの使者が訪れます。内容は「上田城の攻略の中止と、上方への参陣を至急行え」というものでした。

秀忠さんは、この指示にもちろん従いますが、ここで秀忠さんの運の悪さが〝発動〟されてしまいます。使者は八月二十九日に江戸を出て、上田城の攻略を始めようとしていた秀忠さんのもとを目指していたのですが、途中の利根川が氾濫（これは人工的ではありません）していたために、到着が遅れてしまったのです。

秀忠さんは上田城攻略をすぐにあきらめ、慌てて西へ軍勢を進めますが、これまた不運が続きます。

信濃から美濃へ抜ける中山道は険しい山道や隘路《あいろ》が続くため、三万八千もの大軍で抜けるにはとても時間が掛かります。さらに、天候が悪かったことから度重なる川の氾濫で、行軍に手間取ってしまったのです。

そして、秀忠さんが関ヶ原に到着したのは九月十九日でした。「関ヶ原の戦い」が起きたのは九月十五日でしたので、全然間に合いませんでした。

この翌日の九月二十日に、秀忠さんはようやく大津《おおつ》城（滋賀県大津市）にいる家康に追い付きました。遅参した事情を説明するために、すぐに面会を求めた秀忠さんでしたが、家康は「気分がすぐれない」などと言って面会を拒否！　天下分け目の決戦に遅刻した秀忠さんに対して大激怒していたため、家康は仮病を使って秀忠さんの顔を見ようともしなかったのです。

上田城の攻略は家康が命じたもので、作戦中止と畿内参戦を伝える使者は川の氾濫が原因で遅れたので、秀忠さんの関ヶ原遅参は仕方がない部分もあるのですが、家康はまったく許そうとしませんでした。秀忠さん、いろいろとついていません。その後、家臣の取り成しによって、伏見《ふしみ》（京都市伏見区）でようやく家康と面会が叶《かな》ったそうです。

秀忠さんは、次の合戦でこの初陣の大失敗を挽回しようとするのですが、思わぬ形で再びやらかしてしまうのです。

◆「大坂冬の陣」では早く着きすぎて疲労困憊

一六一四年（慶長十九）、徳川家と豊臣家の対立は決定的となり「大坂冬の陣」が起きました。十月に戦闘の準備が行われ、十一月十九日に戦闘が開始されています。

秀忠さんは、家康から出陣の命令が下されると、すぐさま江戸城を出陣しました。率いた軍勢は六万！　再び大軍を与えられた秀忠さんは「二度と開戦に遅れてなるものか！」と急いで大坂を目指しました。

十月二十三日に江戸城を出陣した秀忠さんは、二十六日に三島（静岡県三島市）、二十七日に清水（静岡県清水市）、二十八日に掛川（静岡県掛川市）、二十九日に吉田（静岡県豊橋市）というスケジュールで行軍しました。「藤沢～三島」や「掛川～吉田」は距離にして、なんと約七十㎞！それを一日にして走破しているほどの強行軍なので、秀忠さんがどれほど遅れたくなかったのかがひしひしと伝わってきます。

この行軍の様子は、『当代記《とうだいき》』には「急いでいたので、供廻衆《ともまわりしゅう》を置き去りにして、武具や荷物も持っていなかった」というように記されています。六万もの大軍が付いて行けるわけもなく、秀忠さんに従う家臣もわずかだったそうです。戦いに行くのに、家臣や武具を置いてったら戦えません（笑）。

これを知った家康は慌てて「軍勢を休ませながら、ゆっくり進軍するように」という命令を下しますが、秀忠さんはなぜかこれを無視。関ヶ原の戦いでトラブルが起きたために遅刻したことがトラウマになっていたのでしょうか、秀忠さんはこれまで同様に超強行軍を続行しました。

そして、十一月二日には名古屋、十一月五日には佐和山《さわやま》（滋賀県彦根市）、十一月十日には目的地の伏見に到着しています。江戸から伏見までかかった日数は、たった十七日！　なんでも、秀忠さんの家臣たちはこの行軍に疲れ果てて、とても戦える状態ではなかったそうです。あれ、戦いに来たのに（笑）。

この秀忠さんの行動に対して、家康はもちろん大激怒！『駿府記《すんぷき》』には「（秀忠さんの）大軍で数里（一里は約四km）の行軍について、甚《はなは》だ御立腹だった」と記されています。

「関ヶ原の戦い」の遅刻を取り返そうと、迅速な進軍を目指した秀忠さんですが、戦うという目的を忘れて迅速すぎる進軍をしてしまった結果、家康に再び怒られてしまったのです。

小さな目標や個人の目標ばかり気になって、大きな目標やチームの目標を忘れてしまうこのミスは、現代人も陥りやすいものなのかもしれません。また「怒られないためにやる」というような変なモチベーションで学業や習い事をやったことがある方も多いと思いますが、秀忠さんのミスからわかるように、本来はそうするべきではないのかもしれません。

さて合戦において、以上のような失態を犯した秀忠さんですが、はじめに記したように政治家としては非常に優秀でした。江戸幕府の公式の歴史書である『徳川実紀《じっき》』には、秀忠さんの性格はこう記されています。

「幼少の頃から仁孝恭謙《じんこうきょうけん》の徳を備え、どんなことでも父の家康の教えを忠実に守り、まったく我《わ》が儘《まま》な振る舞いもなかった」

他の家康の息子たち（長男の松平信康《のぶやす》、次男の結城秀康、四男の松平忠吉《ただよし》など）は「父の家康の武勇の才能を引き継いだ」というように記されているのに、秀忠さんの武勇に関してはまったく触れられていません。触れていないこと自体が、秀忠さんの合戦に対する評価を記しているような気がします（笑）。

江戸幕府を繁栄させるための基礎を築く繋ぎの二代将軍としては、思いやりがあって性格が温厚だった秀忠さんは適任だったのかもしれません。

家康の跡を結城秀康と秀忠さんのどちらが継ぐかということで揉《も》めた時も、家康は「守成《しゅせい》（創業の跡を継いで守り固めること）にふさわしい人物は秀忠である」として後継者に指名したといわれています。

戦国三傑のポンコツ報告書①

織田信長

織田信長《おだのぶなが》、豊臣秀吉《とよとみひでよし》、徳川家康《とくがわいえやす》――激動の戦国時代をそれぞれ天下統一へと導いた、日本史上の英雄たちです。が、しかし！　天下人としてあがめられ、あるいは恐れられる彼らも、一歩間違えば「ポンコツ」のレッテルが貼られかねない行動をしているのです。

三英傑の「英傑じゃないポイント」を三回に分けて紹介します。

◆実は失敗と紙一重のムチャぶり武将？

尾張の小大名から天下人まで上り詰めた〝第六天魔王〟織田信長。連戦連勝で乱世を駆け抜けたように見える信長さんですが、実は身内や家臣からは何度も謀反《むほん》を起こされて、度々ピンチに陥っています。

その代表的な出来事として語られるのが一五七〇年（元亀元）の「金ヶ崎《かねさき》の退《の》き口《くち》」です。この二年前に上洛《じょうらく》をして足利義昭《あしかがよしあき》を室町幕府の十五代将軍に据えた信長さんは、各地の大名を従えるために、上洛を促しました。

その再三の上洛命令を無視した越前（福井県）の朝倉義景《あさくらよしかげ》を攻めた信長さんですが、身内の裏切りに遭って窮地に陥ります。朝倉義景と以前から同盟を組んでいた義弟の浅井長政《あざいながまさ》

（妹のお市《いち》が嫁いでいた）が信長さんから離反して背後から攻め掛けてきたのです。「浅井長政が裏切った」という報せを受けた信長さんは、はじめは「虚説たるべし（ウソだ）」としてまったく信じなかったそう。しかし、それが事実であるとわかると、配下の武将たちを置いてきぼりにして、数名の側近たちとともに越前を脱出して京都に落ち延びていきました。

この敗戦は浅井長政が裏切ったために起きたようですが、信長さんに非がありました。浅井長政と政略結婚によって同盟を結んだ際に「浅井家の同盟相手である朝倉家を勝手に攻めない」という約束が結ばれたにもかかわらず、それを一方的に無視して攻め込んでしまったのです。

このように、信長さんは名将ではあると思うのですが、時々「大丈夫、大丈夫！　だって俺だぜ」というような強い自信から来る脇の甘さがあります。「俺に限ってそんなことは起きない」という自負心ゆえに戦国を駆け抜けていきますが、その自負心ゆえに身を滅ぼしてしまうことになったのです。

一五六〇年（永禄三）の「桶狭間《おけはざま》の戦い」では今川義元《いまがわよしもと》を討ち取って勝利を収めたものの、まるで玉砕《ぎょくさい》覚悟のような進軍をしています。信長は密偵（簗田《やなだ》政綱《まさつな》）から今川家の情報を得て、そこを奇襲したとよくいわれていますが、信長の進軍は今川軍から丸見えで、前哨戦となる戦いでは織田軍は惨敗しています。そして、突撃を敢行しようとした直前に襲った突然の暴風雨が信長さんに味方して、織田軍を勝利に導いたようです。プロ野球の監督を務めた野村《のむら》克也《かつや》さんが好んで使う、江戸時代の大名・松浦《まつら》静山《せいざん》の「勝ちに不思議の勝ちあり。負けに不思議の負けなし」という言葉がありますが、信長さんのこの勝利はまさに〝不思議の勝ち〟であるように感じます。

この合戦の時もそうですが、戦場で先頭に立って戦うことが多かった人物です。弓矢や鉄砲弾の餌食になってしまうため、総大将が先頭に立つことはほとんどありませんでした（他に当てはまる武将は上杉謙信《うえすぎけんしん》、蒲生氏郷《がもううじさと》など）。信長さんがそうしたのは、兵士たちを勇気づけるためか、〝俺には当たらない〟と信じていたためか、それとも、誰かに任せるよりも自分でやったほうが早いと思っていたためか、理由は定かではありません。

一五七六年（天正四）の石山本願寺《いしやまほんがんじ》との合戦である「天王寺砦の戦い《てんのうじとりでのたたかい》」では、一向一揆《いっこういっき》に包囲されて窮地に陥った明智光秀《あけちみつひで》らを救うために自ら出陣して陣頭指揮を取るのですが、一揆勢に狙いを定められて火縄銃で狙撃されています。この時は運良く、足に弾が当たり軽傷を負っただけでした。信長は負傷しながらも指揮を取り続け、一揆勢を鎮圧して明智光秀らを救うことに成功しています。

◆謀反が多いのに油断だらけ隙だらけ

しかし、一五八二年（天正十）に、この合戦で救い出した明智光秀に謀反を起こされて信長さんは亡くなります。「本能寺の変」です。

信長さんは六月一日に本能寺で茶会を開いて、そのまま宿泊したのですが、その翌日の六月二日の未明に明智軍一万三千の軍勢の襲撃を受けて討ち死にします。

信長さんは明智光秀に、備中高松城《びっちゅうたかまつ》（岡山県岡山市）を攻めている羽柴《はしば》秀吉の援軍を命じたのですが、まさかその軍勢が自分を襲ってくるということは思いもしなかったようです。

先述の義弟の浅井長政をはじめ、信長さんは何度も謀反を起こされています。まだ二十代の頃には織田家の家督を狙う実弟の織田信行《のぶゆき》に謀反を起こされ（最期は信行を暗殺して決着）、松永久秀には二度の謀反（名物の茶器を差し出す条件で一度目は許した）を起こされ、摂津（大阪府）の守護を任せていた荒木《あらき》村重《むらしげ》（第五章参照）にも謀反（何度も謀反を止《や》めるように説得するが失敗。村重は脱走して残された一族が処刑されて決着）を起こされています。

これだけ謀反を起こされているのですから、身辺警護となるような軍勢はつねに率いておいたほうが良いものですが、本能寺に宿泊した際の信長さんの軍勢はなんと、二十〜三十！目をかけている明智光秀が、まさか謀反を起こすなどとは考えなかったのでしょう。信長さんは謀反の報せを受けた時、はじめは「信忠《のぶただ》（信長の嫡男《ちゃくなん》、京都の妙覚寺《みょうかくじ》に数百の軍勢を率いて宿泊）が謀反を起こした」と思ったほどだったといいます。

こうして信長さんは、自信から来る油断ゆえに命を落としてしまったのです。

第二章

人が良いのか悪いのか、ドジっ子武将

――【天然・変人編】

熊谷直実

口下手&頑固な頼朝の重臣の不器用すぎる生き方は、元祖天然男！

PONKOTSU POINT

武勇	★★★★★
出世欲	★★★★
勢い	★★★★★★★
計画性	★

◆能『敦盛』からは想像もつかないトンデモない出家の理由

織田《おだ》信長《のぶなが》は「桶狭間《おけはざま》の戦い」に際して、清洲《きよす》城で舞曲の『敦盛《あつもり》』を舞ってから出陣をしたといいます。「人間五十年～」の一節で知られる『敦盛』は、まるで信長の持ち歌のような印象になっていますが、その元ネタとなった人物というのが、実は鎌倉時代に活躍した熊谷直実《くまがいなおざね》という武士でした。

源平合戦の一つである「一ノ谷の戦い」において、自分の息子（熊谷直家《なおいえ》）と同年代の武士の平敦盛《たいらのあつもり》を仕方なく討ち取ってしまい、世の儚《はかな》さを知って出家を果たしたといわれる人物で、その逸話が描かれたものが『敦盛』でした。

実は、直実さんは私の地元・埼玉県熊谷《くまがや》市の偉人でございます（笑）。

熊谷駅前には銅像が建てられているのですが、夏場の最高気温に関するニュースで熊谷は中継されることが多いので、もしかするとその時に銅像を見かけたことがある方もいらっしゃるかもしれません。

通称を「次郎《じろう》」という直実さんは、源《みなもとのよりとも》 頼朝の御家人として鎌倉幕府の創立に大きく貢献した坂東《ばんどう》武者なのですが、天然&奇人の一面を持った、ひと癖もふた癖もあるお方でした。

直実さんは平家の出身だったので、はじめは源頼朝に敵対するのですが、源頼朝が関東で勢力を伸ばすとこれに従いました。一一八〇年（治承四）「佐竹《さたけ》合戦」では先陣を切って大活躍をし、源頼朝から「東国一の武将」や「日本一《ひのもといち》の剛《ごう》の者」と賞賛され、御家人となりました。

その後、「宇治川《うじがわ》の戦い」や「一ノ谷の戦い」で武功を挙げて鎌倉幕府の創設に貢献しますが、直実さんはあるトラブルを抱えていました。それが叔父（久下直光《くげなおみつ》）との領地の境界争いでした。

そして、長年問題になっていたこの争いが、ついに源頼朝の御前で両者の意見を聞いた上で裁かれることになりました。この時の様子は『吾妻鏡《あづまかがみ》』に記されています。

鎌倉の屋敷にて、源頼朝や相手方から意見を聞かれる直実さん。証拠書類を持参してきた直実さんでしたが、それにうまく答えられません。それは自分に非があったわけではなく、単純に直実さんがめちゃくちゃ口下手だったためでした！

しかも、久下直光のセコンドには、鎌倉幕府の重鎮の梶原景時《かじわらかげとき》が付いていたために戦況は不利に見えましたが、ここで直実さんは書類を手にして立ち上がります。そして手にしていた書類を、なんと源頼朝に目がけて投げつけ「直実の敗訴は決まっている！　何を申し上げても無駄だ！」と席を立ってしまったのです。しかも、髻《もとどり》を切って武士を辞める意思表示をして、自宅にも帰らず姿をくらましてしまいました。なんと不器用な男でしょうか（笑）。

◆僧侶の討論会に甲冑を着込んで参加、法然から大目玉

こうして武士の引退表明をしてしまい出家をしようとした直実さんですが、その場の勢いの出来事だったため出家の方法を知らず、途方に暮れていたようです。いますよね、アツくなりやすい頑固なタイプの人（笑）。

頼朝に引き止められたものの、それを拒否して、「そうだ、京都行こう」という具合に、とりあえず京都に出た直実さんは、金戒光明寺《こんかいこうみょうじ》で、浄土《じょうど》宗の開祖である法然《ほうねん》と出会って無事出家を果たし、名を「法力房蓮生《ほうりきぼうれんせい》」と号しました（読み方は「れんしょう」とも）。

それ以降は僧侶として穏やかに仏の道を説いた、というわけではなく、中身はまだまだ武闘派のままでした。

ある時、師匠の法然が招請を受け、洛北大原《らくほくおおはら》の勝林院《しょうりんいん》で「大原談義」という仏法のディベートが開かれることになりました。直実さんは、討論の場であるにもかかわらず、法衣の下に甲冑《かっちゅう》を着込んで参戦しようとしたそうです。しかも手には鉈《なた》を持っていたといいます。もちろん法然に怒られて「鎧《よろい》を脱いで鉈を捨てなさい」と命じられたそうです（笑）。

ある時には、法然が弟子の源智《げんち》にプレゼントしたという金字で名号を書いた掛け軸が無性に欲しくなってしまった直実さん。なんと源智を縛って叩き、力ずくでそれを強奪してしまいました。

当然、法然からは「あなたは性根《しょうね》が悪い。すぐに返しなさい」と書状を書かれ、こっぴどく叱られています。

個人的には、直実さんのエピソードと同じくらい、法然の冷静なツッコミが好きです。

◆「馬の逆乗り」「予告往生」……晩年まで衰えぬ奇行

また、京都から地元の熊谷へ帰ることになった直実さんは、馬を逆向きに乗るという奇行をしたといいます。理由は「極楽浄土は西にあるから」ということで、この出来事は「東行逆馬《とうこうさかうま》」と呼ばれています。理由を聞けば確かに納得する面もあるのですが、庶民たちはこれを見て大爆笑！　直実さんの意図はまったく伝わらなかったようです。直実さんは逆向きに乗る理由を馬子《まご》に説明しなかったため、この状況に耐えられなくなった馬子はやめてもらうために、直実さんを馬から降ろしたといいます。これにカチンと来てしまった直実さんは、なんと馬子の胸ぐらを摑《つか》んで引き倒してしまったそうです。馬子さん、心中お察しします（笑）。

血の気の多さは消えなかった直実さんですが、僧侶としての活動をきちんと行っています。埼玉県熊谷市の熊谷寺《ゆうこくじ》をはじめ、京都府長岡京市の光明寺、岡山県久米南町《くめなんちょう》の誕生寺《たんじょうじ》など直実さんゆかりの寺院は全国各地に存在しています。

さて、一二〇六年（建永元）の頃、直実さんは自分の死期を悟ったため「予告往生《おうじょう》」にチャレンジすることを決心します。「翌年の二月八日に死ぬ」という旨の立札を立て、ついにその日を迎えました。現場には多くの観衆が集まっていました。そして「南無阿弥陀仏《なむあみだぶつ》、南無阿弥陀仏」

と念仏を唱え始めます。ひたすら唱えます。ひたすらひたすら唱えます。そしてついに――

「今日の往生は中止。延期する」

直実さん、まさかの往生失敗！

直実さんの家族は「そういうことは笑われるから止めてくれ」というようなことを言ったそうです。なんだかどの時代も一緒ですね（笑）。

この日の往生は失敗したものの、次のチャレンジを成功させて、見事に予告往生を遂げたといいます。

直実さんは、頑固で不器用だけど、とても愛らしい不思議な魅力を持っていた武士の一人です。

毛利隆元

優秀な二人の弟がいたため超ネガティブ！ポンコツを自覚していた自虐武将

PONKOTSU POINT

武勇 ★★
父 ★★★★★
弟 ★★★★★
自信 ★

◆「三本の矢」の一本はとても折れやすい一本だった？

「三本の矢」を説いた武将と言えば？　そうです、毛利《もうり》元就《もとなり》です。安芸《あき》（広島県）の小豪族から一代にして中国地方の大半を手中に収めた名将中の名将です。「三本の矢」は「一本の矢では容易《たやす》く折れるものの三本の矢ではなかなか折れない」ということから、元就が自分の三人の息子たちに、兄弟の結束の大事さを説いたという逸話です。

今回の主人公は、その三兄弟の長男である毛利隆元《たかもと》です！

一五二三年（大永三）、隆元さんは父の元就が二十七歳の時に、多治比《たじひ》猿掛《さるがけ》城（広島県安芸高田《あきたかた》市）で誕生しました。当時の毛利家は、まだまだ安芸の小さな勢力だったため、中国地方や九州北部に大きな勢力を張っていた周防《すおう》（山口県）の大内《おおうち》義隆《よしたか》（第四章参照）の傘下にいました。服属する武将は、主君となる武将に対する忠誠の証として、人質を送ることが慣習となっていました。そこで元就は、長男の隆元を周防に送ることにしたのです。

一五三七年（天文六）に十五歳で人質生活を送ることになった隆元さんは、同年に元服して、大内義隆の「隆」の一字を賜って「隆元」と名乗ることになりました。大内家はこの時、かなり勢いがあった大名であり、当主の義隆が公家風の文化や学問に傾倒していたため、本拠地の山口は〝西の京都〟といわれるほど栄えていました。また、海外との貿易も行っていたため、日本に限らないさまざまな文物と触れ合うことができる城下町が形成されていました。

隆元さんは一五四〇年（天文九）に毛利家の本拠地の吉田郡山城《よしだこおりやま》（広島県安芸高田市）に戻るまでの三年間をこの地で過ごしました。大内家で当時最先端ともいえる高い知識や教養に触れ、それを身に付けていきました。そして、この時の大内家の教育がベースとなり、隆元さんはこの後、父に劣らぬ名将として躍進していくのでした！――と言いたいところなのですが、隆元さんの場合はそうはいきませんでした。

多くの物事を学んだ隆元さんは、つねに客観視して周囲と自分を比べてしまい、勝手にネガティブになるという自虐《じぎゃく》武将になっていってしまうのです。

◆書状からうかがい知れるネガティブ隆元さん

十五歳から十八歳という、現代の高校生の時代を山口で過ごした隆元さんは、吉田郡山城に戻って元就とともに戦に参加し始めます。毛利家の当時の最大の敵は山陰地方に勢力を張っていた尼子《あまご》家でした。隆元さんが吉田郡山城に戻った年に、尼子家が毛利家の本拠地に攻め込んできた「郡山合戦」が起こり、それから二年後には逆に毛利家が尼子家の本拠地に攻め込んだ「第一次月山富田城《がっさんとだ》の戦い」が起こっています。

そのように尼子家との戦いが苛烈になっていく状況だったのですが、隆元さんは大内家の文化的な生活に慣れていたためか、どうも芸事に時間を費やしてしまいます。そのため、元就からは次のような怒りの書状を送られています。

「能や芸や慰め、何もかも要らず。ただ武略、計略、調略が肝要に候《そうろう》。謀《はかりごと》多きは勝ち、少なきは負け候と申す」

つまり「趣味はいいから仕事しろ。食っていけないぞ」ということです。元就の父と兄は酒が原因で亡くなったため、元就自身はずっと禁酒をしたり、細かなことまで書状や伝令で指示を飛ばしたりするなど、ストイックかつ几帳面《きちょうめん》な性格だったので、居酒屋のトイレに張ってある「親父の小言」のようなことを度々、隆元さんなどの息子たちに伝えていたようです。

隆元さんには弟が九人もいたといわれているのですが、その中でも隆元さんと年齢が近い次男の吉川元春《きっかわもとはる》と三男の小早川隆景《こばやかわたかかげ》は、後に「毛利両川《もうりりょうせん》」と称された戦国時代好きにはおなじみの武将です。次男の元春は、隆元さんの七歳下の一五三〇年（享禄三）の生まれで、元服前に合戦に出陣して武功を挙げ、合戦では生涯無敗だったといわれています。三男の隆景は十歳下の一五三三年（天文二）の生まれで、後に豊臣秀吉《とよとみひでよし》の政権で「五大老」の一人に任命されるほどの才覚を持っていた人物です。

一代にして毛利家を巨大勢力にのし上げた名将の父に加え、弟たちは周囲が認める優秀な才覚を持っている……。この事実によって隆元さんはアイデンティティーをこじらせていき、自分は武将としての才能がないというようなネガティブシンキングまっしぐらになってしまったのです。

この頃の隆元さんの心情を表す書状が『毛利家文書』に残されています。一五五四年（天文二十三）に三十二歳の隆元さんが親しくしていた一つ年上の僧侶の竺雲恵心《じくうんえしん》に送った書状です。少々長くなりますが、隆元さんの性格を一番わかりやすく表したものなので、私なりに意訳してご紹介します。

謹述胸念（謹んで胸の内を述べたいと思います）

一、後生（来世）の善所（極楽）の事は、心に留め置いているので、善根（善い行い）をしたいと思っています。

一、娑婆《しゃば》（現世）においては、果報（良い事）は一つもないと見ていますが、何を恨むことがありましょうか。これも前世の報いですので、特に気にしていません。

一、私の一生は、先ほどの易（占い）で見えているので申し上げることはありませんが、その易の結果は、私が無才無器量であることだけが理由ではないのでしょう。

一、私の家（毛利家）も、父の代で終わるように見えます。私の代で家運が尽きるのも因果の道理で、以前から決まっていた運命なのです。

一、諸家（周りの家）については言及しませんが、この国も大きく変わりました。その中で当家（毛利家）が残っているのは不思議なことです。これはひとえに、父の信心のおかげだと思います。しかし、いつまでも我が家だけ残るわけはないので、私は毛利家の家運が尽きる時に生まれた当主だと思っています。

一、毛利家には数代にわたって名を残した者が多いですが、父はその先代たちを超えました。そのため、仮に私に才覚や器量があっても、父に及ぶはずがありません。これまでのように形ばかりの当主となっていても、周囲の人（家臣など）の私に対する覚え（評判）は父よりも大きく劣っていますし、一円（周辺諸国）においては言うまでもありません。

一、その上、**私は無才無器量**の上に、頼れる家臣もいません。只今このように覚えを取っているのは、ひとえに父の心遣いや心労によるものです。しかし、私には頭の良い補佐役がいません。

一、ひとえに「灯、消えんとして光を増す」のたとえのように、家運はこれまででしょうか。この道理はよくわかっていますので、もう悩んでいることはありません。

一、とにかく今生《こんじょう》への想いは断ち切りました。**来世の安楽を願っている**ので、お頼み申し上げます。

一、右の内（以上）で私の心の内は申し尽くしました。

一、このように申しましたが、国家を保つことは努々《ゆめゆめ》油断をせずに、力不足ではありますが、心がけて尽くすべきだと思っています。この事はおろそかにしていません。

一、右の内は私の心の奥に納める覚悟です。いずれにしても、帰真《きしん》（死）の道理を覚悟するまでのことです。

一、盛者必衰《じょうしゃひっすい》（栄えた者は必ず衰える）

一、生者必滅《しょうじゃひつめつ》（生きる者は必ず死ぬ）

一、会者定離《えしゃじょうり》（会った者は必ず別れる）
これらの理はすべて理解しています。
一、天道満を欠く（満月は欠ける＝栄えれば衰える）
この理をもって悟りました。
右の事をわからずに悩んでいたのですが、速やかに分別して悟りました。誠に恐縮ですが、二世（現世と来世）でも宜しくお願いします。そのため私の思うところを残すところなく申し上げました。重ねてお頼み申し上げます。恐惶（恐れ入ります）。
天文廿《にじゅう》三（一五五四年）三月十二日　タカ元（隆元）

全文をまとめると、「自分は無能で毛利家を滅ぼす当主……。父を超えるのは無理……。現世に良いことないから、来世に期待……」ネガティブ！　なんと悲観的な文章なのでしょう。持ち前の温厚な性格に、客観視できる冷静さを加え、さらに周囲の期待に応えきれず、父や弟が有り得ないくらい優秀という環境に置かれた隆元さんの心境が、痛いほど伝わってきます。

また、隆元さんの恵心和尚宛ての別の書状（時期は不明）には、次のようなこと（意訳）も書かれています。

「**名将の子には必ず不運の者が生まれる**と言いますが、そのことが私にはよくわかります。栄えれば衰えることが世の習いというのもまた、よくわかっています。（中略）火中（読んだらすぐに燃やしてください）」

先の書状もそうですが、筆を走らせる度にネガティブな言葉が出てきます。「燃やしてください」は敵方に情報が漏れないようにするため、武将の手紙にはよく見られるものなのですが、隆元さんが書くと何か深い闇を感じます（笑）。

一五四六年（天文十五）に家督を既に譲られていた隆元さん（当時二十四歳）ですが、実権は元就が握り続けていました。しかし、一五五七年（弘治三）に元就は引退を表明して、毛利家のすべての実権を隆元さんに譲ることを考えました。

すると隆元さんは、偉大な父の功績を自分がダメにしてしまうと考えたのか、この時も元就や弟二人にネガティブな書状を記しています。まとめると次のような内容になります。

「**私は無器用で無才覚**なので、家を保つのは難しく、父が築き上げたものを崩してしまいます。だから幸鶴丸《こうつるまる》（隆元の嫡男《ちゃくなん》：後の毛利輝元《てるもと》 第五章参照）に家督を譲ったほうが良いです。五カ国の太守になったのだから、**無器用で無才覚な私**はいよいよダメです。なので、**私は隠居します**。父が幸鶴丸を後見して当主とした方が良いです。だって父をはじめ代々の当主が器量人でしたが、私は無器用、極まりないので。**いっそ自分が死んでしまえば**、父は隠居できなくなりますね」

これまたネガティブの極みです。終始「自分なんて……」というトーンで書かれて、「死」をにおわせるとは、何だか抱きしめてあげたくなってしまうほど、悲観的です。このように隆元さんが毛利家の実権を握ろうとしなかった背景もあってか、元就は隠居した後も家中の実権を握り続けました。

かつての主君だった大内家を滅ぼすなど、毛利家は見ると順風満帆《じゅんぷうまんぱん》のようですが、やはり隆元さんの悩みは尽きません。今までは、名将である父の後継者という苦悩が大きかったのですが、弟の吉川元春と小早川隆景が武将として一人前になっていくと、隆元さんは自分との能力の差に苦悩を見せていくのです。

一五五八年（弘治四）に元就に宛てた書状には、次のような内容が記されています。

「私のことを助けてくれるとのことだが、二人（元春と隆景）はまったく何もしてくれません。吉田（郡山城）に来ても、すぐに自分の領地に帰りたがります。しかも、何事も私をのけ者にして二人だけで、ちこちこ（親しく）話し合っているばかりです。こちらから、なつなつ（親しく）話しかけても、相手にしてくれない」

少し被害妄想も入っているかもしれませんが、優秀な弟たちにバカにされていると感じた隆元さんは、兄弟関係でも深い悩みを抱えていたようです。この書状を見た元就は「隆元の言うことはもっともである。二人には私からも話をしておく」とフォローを入れています。

◆ポンコツを自覚しつつ毛利家の繁栄を願った男が遺したもの

さて、毛利家の次なる目標は尼子家を滅ぼすことでした。これまで幾度も合戦を繰り広げてきた天敵であり、文字通りの死闘が展開されることは間違いありませんでした。そのような戦況の中、隆元さんは厳島神社《いつくしま》に願文《がんもん》を奉納しています。そこにはこのように記されていました。

「ただただ父上の武運長久《ぶうんちょうきゅう》、無病息災《むびょうそくさい》を願います。そのためには自分の身命を捧げても良いです」

その願文が記された八カ月後の一五六三年（永禄六）九月一日、尼子攻めに参戦する道すがら、毛利家の家臣となっていた備後《びんご》の国人の和智誠春《わちまさはる》のもてなしを受けた後に、なんと急死してしまうのです。享年は四十一でした。死因は食中毒（もしくは毒殺）といわれています。

この訃報《ふほう》を聞いた元就の悲嘆は尋常なものではなかったそうで、和智誠春が隆元を暗殺したと考えた元就は、誠春を幽閉した後に殺害しています。

隆元さんの跡は輝元が継いだものの、まだ十一歳だったため、実権は元就が握り続けました。その後、一五六六年（永禄九）に元就は月山富田城を攻め落として尼子家を滅ぼしました。その結果、山陽のみならず山陰も勢力下に置き、元就は最終的に合計十カ国を領地としました。

そして、隆元さんの死から八年後の一五七一年（元亀元）に七十五歳の元就は中国地方の覇者のまま老衰（食道癌とも）で亡くなります。それはまるで、隆元さんが願文に記した通りになったように思えます。

このように隆元さんは、偉大なる先代と優れた弟たちを持ったために、世にも珍しいポンコツを自覚していた武将でした。しかし、その教養は高く、絵画や仏典の書写などを愛し、父や毛利家を思いやる優しい一面を持っていました。また、この時代には珍しく側室を持つことなく正室のみを愛し続けた愛妻家でもありました。

苦悩してネガティブになるものの、何よりも家族や他人の幸せを願う、心底優しい人物であったように思えます。

伊達政宗

ポンコツだって伊達じゃない!? 謝罪・言い訳・酔っ払いの人生

PONKOTSU POINT

武勇	★★★★
知略	★★★★
演出力	★★★★
マイペース	★★★★★★★

◆〝遅れてきた戦国武将〟は〝遅れてきて謝罪武将〟でもあった!

後に〝独眼竜《どくがんりゅう》〟の異名を取った伊達《だて》政宗《まさむね》は、名門の伊達家の家督をわずか十八歳で継承して、二十三歳にして東北の多くを支配下に収めました。豊臣秀吉《とよとみひでよし》が関東の北条《ほうじょう》家に攻め込んできた時に秀吉の配下となり、秀吉の死後は、徳川家康《とくがわいえやす》に従って、仙台城（青葉城）を拠点に全国屈指の領地を治める大大名として江戸幕府に仕えました。最後に仕えた三代将軍の徳川家光《いえみつ》（家康の孫）からは「伊達の親父殿」と呼ばれるほど慕われていたといいます。

織田《おだ》信長《のぶなが》や秀吉、家康などが生まれた年代（一五四〇年前後に誕生）と比べて、政宗さんが生まれた年（一五六七年）が遅かったことから〝遅れてきた戦国武将〟とも称され、あと十年早く生まれていれば、天下を狙えたのではないかといわれることもあります。

「順風満帆《じゅんぷうまんぱん》な武将人生」のように見える政宗さんですが、天下人相手に野心をぎらつかせたために、二度も滅亡の境地に立たされた人物でもあったのです。

政宗さんが家督を相続した一五八四年（天正十二）は、織田信長はすでにこの世におらず（一五八二年に「本能寺の変」で死去）、秀吉が天下取りレースのトップを走っていた頃でした。

この家督相続の前年に秀吉は「賤《しず》ヶ岳《たけ》の戦い」で柴田勝家《しばたかついえ》を破って切腹に追い込み、家督相続の年の「小牧《こまき》・長久手《ながくて》の戦い」では家康と和議を結んで、結果的に家康を臣従させることに成功しました。

その後、秀吉の勢いは凄《すさ》まじいものがありました。一五八五年（天正十三）には関白《かんぱく》に就任して「四国征伐」で長宗我部《ちょうそかべ》家を服従させ、一五八七年（天正十五）の「九州征伐」で島津《しまづ》家を服従させ、全国の「惣無事令《そうぶじれい》（私戦禁止令）」と呼ばれる法令を発令しました。これは秀吉の許可なく勝手に合戦することを禁止し、それを破った者を征伐するという内容のものでした。秀吉は全国の諸大名を自分の命令下に置こうとしたのです。

しかし、この命令を完全に無視する武将がいました。それが政宗さんでした。

家督相続後から合戦に明け暮れていた政宗さんは「惣無事令」が出された後も他国に侵攻し、一五八九年（天正十七）の「摺上原《すりあげはら》の戦い」で蘆名義広《あしなよしひろ》を破って黒川城（後の鶴《つる》ヶ城、福島県会津若松市）に攻め込んで蘆名家を滅ぼしてしまったのです。政宗さんのこのルール違反に恐れをなした東北の諸将は、政宗さんに服属をし始めたので、東北の多く（現在の岩手県の南部、宮城県、山形県南部、福島県中央から西部）を支配する全国屈指の戦国大名となりました。

まさにイケイケ状態だった二十三歳の政宗さんですが、この翌年にある大問題が発生します。

秀吉が天下統一の総仕上げとして、関東一円を治める小田原城の北条家を大軍で攻め込もうとしたのです。いわゆる「小田原攻め」です。

政宗さんのもとにも秀吉からの出陣命令が届きますが、実は政宗さんは北条家と同盟を組んでいたため、これまた秀吉からの命令を無視！　勢いに乗ってブイブイいわしている二十四歳ですから、怖い物知らずで無視してしまったのでしょう。

しかし、ご存知の通り、秀吉は二十二万ともいわれる日本史上最大級の大軍で小田原城を包囲しました。これが四月三日のこと。おそらく、それから数日後には政宗さんのもとにその戦況が伝わったことでしょう。

秀吉の二十二万の大軍ではあるものの、小田原城は武田信玄《たけだしんげん》や上杉謙信《うえすぎけんしん》を退けた堅城であり、この当時は総構えと呼ばれる城下町を囲んだ全長九kmの堀と土塁《どるい》があったため、籠城《ろうじょう》戦となれば北条家が勝利を収める可能性も十分にありました。

五月はじめに再び参戦命令が秀吉から届くと、政宗さんはついに出陣！　五月九日のことでした。

この時の居城は黒川城なので、東に出て（現在の福島市方面）に出て南下すれば簡単に関東に出られるのですが、政宗さんが通過したのはなぜか越後（新潟県）、信濃（長野県）、甲斐《かい》（山梨県）。出陣したものの、どちらに味方すれば良いか判断しかねて、ウロウロして戦況を窺《うかが》い続けていたみたいです（笑）。

結局「秀吉が勝ちそう」と判断した政宗さんは、側近の片倉景綱《かたくらかげつな》からの助言もあり、秀吉に味方する道を選び秀吉のもとを訪れようとします。到着したのは、小田原城包囲から二カ月も経った六月五日。遅い、実に遅いのです。

この遅刻を秀吉が許すわけもなく、政宗さんは秀吉に謁見《えっけん》することは許されず、箱根の底倉《そこくら》というところに押し込められてしまったといいます。このまま処刑されてしまうのではないかという大ピンチに陥ってしまった政宗さんですが、ここで死を覚悟したパフォーマンスを見せます。『貞山公治家記録《ていざんこうちけきろく》』などによると、まず、秀吉の重臣となっていた前田利家《まえだとしいえ》に「千利休《せんのりきゅう》の茶の湯のご教授を受けたい」と申し出たのです。死が目の前に迫っている中にもかかわらず、茶の指導を受けようとする政宗さんのこの言動が秀吉の興味を引いたといわれています。そのためか、秀吉と謁見することが許された政宗さんは、ここでさらに演出を加えます。謁見の際になんと、真っ白の死に装束で登場したのです。派手好きな秀吉は、このパフォーマンスを気にいったのでしょう、政宗さんは小田原への遅参を許されることになりました。

そして、政宗さんが到着してから一カ月後の七月五日に小田原城は開城となって北条家は滅亡し、秀吉の天下統一が成し遂げられました。その後、秀吉は宇都宮城（栃木県宇都宮市）に入って「奥州仕置《おうしゅうしおき》」を行い、東北の武将たちの処遇（改易《かいえき》や加増、減封《げんぽう》など）を決めました。

東北に百五十万石といわれる広大な領地を持っていた政宗さんですから、東北武将の代表格として秀吉と交渉をするべき存在なのですが、この仕置にもまさかの大遅刻（笑）！

この遅刻を弁明する書状が現存しているのですが、そこには「昼夜関係なく向かったのですが、人や馬が疲れてしまって荷物が届かずダメでした」「徹夜で向かうので、明日の四ころ（午前十時）には着きます」という弁解が記されています。文字通り〝遅れてきた戦国武将〟だったわけですね（笑）。

この仕置で、政宗は「惣無事令」の違反と小田原遅参があったことから、新たに手に入れた蘆名家の領地などを没収され、およそ七十二万石に減封されています。

◆容疑者・伊達政宗！　言い訳の一大パフォーマンス

秀吉が天下統一を成し遂げた年に、東北で「葛西《かさい》・大崎一揆《おおさきいっき》」と呼ばれる一揆が起きました。これは、寺池城（宮城県登米《とめ》市）を拠点とした戦国大名の葛西晴信《はるのぶ》と、名生《みょうう》城（宮城県大崎市）を拠点とした戦国大名の大崎義隆《よしたか》とその旧臣たちが中心となった、豊臣政権に対する反乱でした。

この反乱に大きく関係していたのが政宗さんでした。

葛西晴信と大崎義隆は名門の出身で大名の立場ではあったものの、政宗さんの勢いに屈して伊達家に臣従をしていました。そのため「小田原攻め」の時には、政宗さんが代表して秀吉に謁見して領地について交渉することになっていました。しかし、先述の通り、政宗さん自身が改易どころか処刑されそうになるようなチョンボをしでかしているので、その配下の大名の交渉などできるはずがありません。そのため、葛西晴信と大崎義隆は秀吉の陣に参じなかった不届き者として、なんと改易になってしまったのです。もう、政宗さんのせいにしか見えません（笑）。

改易された葛西晴信と大崎義隆の旧領には、木村吉清《きむらよしきよ》（秀吉の重臣）と息子の木村清久《きよひさ》が入ったのですが、この領地経営が良くありませんでした。暴力的かつ高圧的な統治方法だったため、旧領に残っていた葛西家と大崎家の旧臣たちの強い反発を招き、ついに一揆が勃発《ぼっぱつ》してしまったのです。

大軍で押し寄せる一揆勢に、木村親子は居城の佐沼城に籠城して身動きが取れなくなってしまいました。そこで秀吉は一揆の鎮圧に二人の武将を派遣しました。それが蒲生氏郷《がもううじさと》と政宗さんでした。蒲生氏郷は政宗さんが「奥州仕置」で没収された土地に派遣された大名で、黒川城に入って城を改築し「鶴ヶ城」と改称するなど、豊臣政権の奥州の要《かなめ》として機能し始めていました。

政宗さんからすると、これは面白くありません。それが大きな原因だと思うのですが、政宗さんと蒲生氏郷は信じられないくらい仲が悪かったのです。そのため、一揆の鎮圧もお互いはまったく協力することなく、蒲生氏郷が政宗さんの様子を窺いながら単独で一揆勢の拠点を落とし、それを見た政宗さんも単独で別の拠点を落とすような有様でした。

このような妙な展開になったのは、仲の悪さ以外にも別の黒い噂《うわさ》があったからでした。それは「一揆を裏で操っているのは伊達政宗」というものでした。政宗さんの軍勢が放つ鉄砲が空砲だった、一揆勢の拠点に政宗さんの幟《のぼり》や旗が掲げられていたなどの報告を受けたこともあって、蒲生氏郷は政宗さんの軍勢の動向をつねに見張りつつ、一揆を単独で鎮圧しなければならなかったのです。

さらに政宗さんを再び大ピンチに陥れる決定的な証拠が見つかってしまいました。なんと、一揆勢を激励する書状が見つかってしまったのです。その書状には、武具や兵糧や兵士などを貸し出す旨のことが書いてあり、最後にはセキレイを象《かたど》った政宗さんの花押《かおう》（サイン）がしっかりと記されていました。

政宗さんも「これはヤバい」と思ったのでしょうか、一揆の拠点を急に落とし始めました。そして木村親子を救出したのは、前述の一揆勢への書状が見つかってからのことでした（笑）。

さて、この政宗さんの書状について、蒲生氏郷から報告された秀吉はもちろん大激怒！　一揆の鎮圧がまだ終わらない内に、政宗さんを京都に呼び出しました。

京都に初めて訪れた政宗さんは、ここでまたド派手なパフォーマンスを行います。真っ白な死に装束を着るところまで前回と一緒ですが、今回はなんと、行列の先頭に金の磔《はりつけばしら》柱を押し立てて京の町を歩き、秀吉がいる聚楽第《じゅらくてい》に向かったのです。

聚楽第に入ると、秀吉は政宗さんに例の書状を突きつけて一揆の煽動《せんどう》を問い質《ただ》しますが、書状にある花押を確認してから、政宗さんはこれを真っ向から否定。なんと政宗さんは、自分の花押は、偽物と分別するように、針でセキレイの目に穴を開けていると主張したのです。実際に、これまで送られてきた他の書状の花押にはすべてセキレイの目に穴が開いていたといいます。いやはや、なんと食えない男でしょうか（笑）。

こうして、絶体絶命だった政宗さんは秀吉から再び許され、一揆の鎮圧を継続して命じられたのでした。

しかし、鎮圧後に政宗さんは葛西晴信と大崎義隆の旧領だった三十万石を加増されたものの、代わりに四十四万石を没収され、トータルで領地が減少していることなどから、この一揆煽動の容疑は、伊達家で統一されていた甲冑《かっちゅう》の色と同様に〝黒〟だったといわれています。

◆酔っぱらって将軍の前で爆睡、でもなぜか許される

また、政宗さんは私生活でもトラブルメーカーの一面を持っていました。政宗さんはアルコールに強くないのに飲酒を非常に好み、酒で問題を起こすことが多い人物でもありました。ある時には泥酔《でいすい》して家臣の頭を鞘《さや》で叩いてケガを負わせてしまったため後日謝罪の書状を家臣に送り、またある時には二代将軍の徳川秀忠《ひでただ》との約束を二日酔いでドタキャン、これまたある時には三代将軍の徳川家光の前で酩酊《めいてい》して爆睡《ばくすい》しています。

とにかくエピソードに事欠かない政宗さんは、ある種のポンコツ要素を持ちながらも「伊達政宗なら仕方ない」と思わせるような不思議な魅力と、武将としての確かな実力を備えていました。一九八七年（昭和六十二）に放送された大河ドラマ『独眼竜政宗』は平均視聴率三十九・七％で歴代最高の平均視聴率を記録し、武将の人気ランキングには必ずといって良いほど名前が挙げられています。

政宗さんが街の基礎を築いた宮城県仙台市での人気は凄《すさ》まじく、街の至る所で政宗さんを見かけることができます。

服部半蔵

パワハラで家臣からスト、首謀者を斬るが人違い。最後は大坂の陣で行方不明

PONKOTSU POINT

武勇	★★★
血筋	★★★★★
人柄	★
忍耐力	★

◆十二人いた服部半蔵の系譜

服部半蔵《はっとりはんぞう》といえば、伊賀（三重県）出身の忍者で、家康の天下取りに貢献したことから徳川家に仕えた将軍家にゆかりの深い人物です。というのは、よく知られていると思うのですが「服部半蔵」が十二人いるということはあまり知られていません。

実は、歴代の当主が代々「半蔵」を名乗っているため、「服部半蔵」と名乗る人物は戦国時代から幕末にかけて十二人もいるのです。

一番有名な半蔵さんは二代目なのですが、それはひとまず置いておいて、まずは初代のお話。

初代は服部〝半蔵〟保長《やすなが》！　伊賀生まれ伊賀育ちのお方です。

伊賀から京都に出た時に、室町幕府の第十二代将軍の足利義晴《あしかがよしはる》に仕えました。その後、三河（愛知県東部）の松平清康《まつだいらきよやす》が上洛《じょうらく》して義晴に謁見《えっけん》した時に、保長をひと目見て気に入って「家臣にしたい」と求めたため、京都を離れて松平家に仕えることになりました。

この松平清康というのが、徳川家康《とくがわいえやす》の祖父にあたる人物です。

初代の保長は伊賀で生まれ育ったので忍術を会得《えとく》していたといわれていますが、二代目以降の服部半蔵は伊賀以外の土地で生まれ育っているため、忍者ではなかったそうです。

一番有名な二代目の名は、服部〝半蔵〟正成《まさしげ》！（読み方は「まさなり」とも）

三河で生まれ育った正成は、忍者ではなく一人の武将として徳川家康に仕えました。

「姉川の戦い」や「三方《みかた》ヶ原《はら》の戦い」などで武功を挙げ、ついた異名は「鬼半蔵」！　江戸幕府創設に功績を挙げた「徳川十六神将」にも名を連ねています。

服部半蔵という名を一躍有名にしたのも正成です。

徳川家康の生涯最大の危機である「伊賀越え」での活躍によって、その名を轟《とどろ》かせたのです。

「本能寺の変」の直後に堺《さかい》に滞在していた家康は、横死した織田信長の同盟相手だったため、命を狙われる存在となっていました。その時、家康に従っていた家臣は、わずか三十四人……。その一人が正成でした。

先祖を伊賀に持つ正成は伊賀や甲賀（滋賀県南部）の有力者たちと交渉して、家康を無事に伊勢（三重県）から本拠地の三河の岡崎へ、落ち延びさせることに成功したのです。

このような功績で正成は八千石を手に入れ、家康が江戸に入府した後は与力三十騎と伊賀同心二百人を与えられ、伊賀忍者を統率する立場になったそうです。

そして正成は、最重要といわれる江戸城の西門の警護を任され、屋敷をその周辺に構えました。これが現在に伝わる「半蔵門」の由来だといわれています。

◆三代目にあぐらをかいた、公私混同のパワハラ上司！

二代目半蔵の正成は一五九六年（慶長元）に没しました。その跡を継いだ三代目半蔵が、今回の主人公である服部正就《まさなり》です。

正就さんは父から、与力《よりき》七騎と伊賀同心二百人の指揮権を引き継ぎます。同心というのは、江戸幕府の下級役人の一つ。与力の下について警備などの職に就いていた武士です。

「たくさん家臣がいてスゴイ！」となりそうですが、実は伊賀同心は正就さんの家臣ではありませんでした。あくまで、仕事上の指揮権を与えられただけでした。現代風にいえば、会社の上司です。

しかし！　幕府創設の功労者の父を持つことからずいぶんと高慢になっていた正就さんは、伊賀同心をあたかも自分の家来のように、プライベートでこき使い始めてしまうのです。

なんと、自宅の壁の塗り替えに伊賀同心たちを呼び出したり、家臣の妻に手を出したりしたそうです。そして、もしこれに従わない場合は給料を減らしたそうです。

現代だったら、完全なるパワハラ、ブラック企業です。奥さんに手を出すとか超最低！

このような公私混同をしていれば、部下からどのような反発を受けるか想像がつくものですが、うぬぼれがひどかった正就さんは、伊賀同心を不当に扱い続けたといいます。

『徳川実紀《とくがわじつき》』などによると、正就さんのやり方に強く反発した伊賀同心二百人は、一六〇五年（慶長十）十二月についに行動に出ます。伊賀同心は武装して四谷の長善寺《ちょうぜんじ》に立て籠《こも》り、正就さんの解任を幕府に訴えたのです。そりゃ、そうなるよねえ……。

訴え先は筆頭老中の本多正純《ほんだまさずみ》。この訴えを受けた正純は「正就に問題がある」として、正就さんの伊賀同心の指揮権を剝奪し、正就さんは職を解かれることとなりました。

伊賀同心のストライキが見事に成功したのです。

正就さんは「この一件に懲《こ》りて改心しました」……とはならず、なんと幕府の裁定に「理不尽だ！」と異議を唱え始め、立て籠りの首謀者となった十名の死罪を要求したのです。「どちらが理不尽なんだ」と言いたくなりますが、控えておきます。

幕府側も、幕府創設の功労者の服部家を立てる必要があったのか、それとも喧嘩両成敗《けんかりょうせいばい》のような考え方があったのかはわかりませんが、首謀者十名の内、八名の刑を執行するに至りました。

残りの二人はどうしたかというと、「処刑されるのは御免だ」と、逃亡をしました。

これでこの話は終わり、とはならず、なんと正就さんは自ら江戸市中を徘徊して、この逃亡者二人を探索し始めたのです。そして、その一人をようやく発見すると、いきなり斬り捨ててしまったのです。正就さんは逆恨みの末に、ついに殺人を犯してしまいました。

◆まさかの人違い殺人……「大坂の陣」で汚名返上を目指すも行方不明！

しかし！　まだ話は終わりません。正就さんが斬った人物は、まさかの別人だったのです！

しかも、間違えられた人物は関東代官頭の伊奈忠次《いなただつぐ》の家臣であることが発覚し、さらに大事となりました。伊奈忠次も正就さんの父と同じく、幕府創設の大功労者です。二代目半蔵とともに「伊賀越え」を成し遂げた服部家と縁が深い武将でもあります。江戸幕府が開かれてからは、検地や新田《しんでん》開発、河川改修など奉行として大活躍、関東全体を差配する代官頭となっていました。現代でいうと、官房長官に近い存在かもしれません。

厳罰不可避となった正就さんは「己の不甲斐《ふがい》なさで部下に見放されただけでなく、逆恨みで関係のない人間に害を為すなど、武士の風上にも置けぬ！」と改易《かいえき》となって領地は没収となり、閉《へい》門蟄居《もんちっきょ》（謹慎処分）の沙汰が下されました。

こうして、服部半蔵という名は、歴史上から一度姿を消すことになってしまったのです。

その後、正就さんは意外な場所に現れます。「大坂の陣」です。

名誉挽回を狙った正就さんは、松平忠輝《ただてる》（家康の六男）の軍に加わって戦いました。しかし、この戦の最中、不意に行方不明になってしまうのです。

一説によると、討ち死にをしたとも、討ち死にを装って逃亡し農家になったとも、正就さんに恨みを抱いていた伊賀忍者たちによって討たれたとも、いわれています。どれもスッキリしない自業自得な最期です。

忍びに出自を持った正就さんですが、三代目という立場で高慢になり、物事を耐え〝忍ぶ〟ことを忘れてしまっていたのかもしれません。

堀尾忠氏

良いアイディアはライバルにパクられ、最期は祟りで世を去ったツイてない武将

PONKOTSU POINT	
武勇	★★★
街づくり	★★★★
アイディア	★★★★★
口の軽さ	★★★★★

◆隠れた名将・堀尾吉晴の次男に突如回ってきた後継者の座

堀尾忠氏《ほりおただうじ》は、尾張国（愛知県）出身の堀尾吉晴《よしはる》の次男として生まれました。父の吉晴は、織田信長《おだのぶなが》から豊臣秀吉《とよとみひでよし》の家臣となり、最後は徳川家康《とくがわいえやす》に仕えた大名です。一般的な知名度は低いかもしれませんが、隠れた名将として歴史好きにはおなじみの人物です。

豊臣政権では「三中老」という役職に就いたとされ、徳川家康をはじめとする「五大老」と石田三成《いしだみつなり》をはじめとする「五奉行」の仲裁役を務めました。血の気の多い武将たちの間を持てるほどの温厚な性格だったことから、付けられたあだ名は「仏の茂助《もすけ》（茂助は吉晴の通称）」でした。

一六〇〇年（慶長五）の「関ヶ原の戦い」の前年に、忠氏さんに家督を譲ったものの、それまで同様に堀尾家を牽引していきました。そして、堀尾家を出雲二十四万石の大名に導き、松江城（島根県松江市）を築きました。

一六一一年（慶長十六）に建てられた松江城の天守は現在も当時の姿のまま残されており、二〇一五年（平成二十七）に国宝に指定されて話題となりました。また「松江」の地名や、現在の

松江の街の基礎も、吉晴が手掛けたものだといわれています。

さて、今回の主役の忠氏さんは、吉晴の次男にあたります。

次男ということだったので、はじめは堀尾家を継ぐ予定はありませんでした。しかし、一五九〇年（天正十八）の豊臣秀吉による天下統一の総仕上げとなった「小田原攻め」の最中に陣中で、長男の堀尾金助《きんすけ》が病死（討ち死にとも）してしまったため、当時十二歳の忠氏さんが堀尾家の跡継ぎに指名されました。

実際に家督を継いだのは一五九九年（慶長四）十月一日でした。秀吉がこの前年の八月に亡くなり、時代はまさに風雲急を告げていました。誰もが今後の展開が一切読めない動乱の中、二十一歳で家督を継いで浜松城十二万石の大名となった忠氏さんは、隠居した吉晴のサポートの下で、この戦乱に立ち向かっていきます。

家督を継いだ翌年、家康が「上杉景勝《うえすぎかげかつ》に謀反《むほん》の噂《うわさ》あり！」として大軍を率いて征伐に向かいました。家督を継いでから初の戦となる忠氏さんは、家康の軍勢に加わっていました。

忠氏さんを心配に思ったのか、吉晴は従軍を家康に願い出ましたが、家康は「忠氏だけで良い」として吉晴は隠居地（隠居料として越前府中に五万石与えられていた）へ戻るように命じられました。

この吉晴の帰国の最中、堀尾家にまたトラブルが起きました。

三河の池鯉鮒《ちりゅう》（愛知県知立《ちりゅう》市）で、知り合いの武将だった水野忠重《みずのただしげ》と加賀井重望《かがのいしげもち》と宴会をしている時に、加賀井重望が水野忠重を斬殺し、吉晴も襲われてしまったのです。加賀井重望は石田三成から「徳川家の重臣である水野忠重か堀尾吉晴を討ち取れば、多くの恩賞を与える」と密命を受けていて、それを実行に移したのでした。

歴戦の兵《つわもの》である吉晴は、重傷を負ったものの、加賀井重望を返り討ちにしました。しかし、そこに駆け付けた水野忠重の家臣たちが「堀尾吉晴が二人を殺害した！」と勘違いをしてしまい、吉晴に襲い掛かってきたのです。弁明はしたでしょうが、状況が状況だけに吉晴が犯人にしか見えませんね。ちなみに、この時に十七カ所も傷を負った吉晴でしたが、命には別条はなく、その後も生き永らえています。

この事件が起きたのが、一六〇〇年（慶長五）七月十九日でした。

忠氏さんは、上杉征伐に向かう陣中で、堀尾家を揺るがせたこの報せを受けたと思われます。長兄の急死を受けて、急遽《きゅうきょ》後継者となり、家督を継いだ翌年に頼りの綱である父が重傷を負ってしまいました。この局面を迎えて、二十二歳の忠氏さんは当主としての自覚をさらに深め、意気揚々と張り切っていたのではないでしょうか。

◆東軍を勝利に導く「秘策」をライバルに奪われる失態！

吉晴が襲われてから五日後、おそらく忠氏さんがその報せを受けた直後に、天下の行方を決める「小山評定《おやまひょうじょう》」が開かれました。

家康が大軍を率いて上杉征伐に向かい、江戸城に辿《たど》り着いた頃、畿内では家康を倒すために豊臣家を奉じて、石田三成が挙兵しました。三成挙兵の報告を伝令から聞いた家康は、率いていた大名が自分に味方してくれるかどうかを確認するために会議を開くことにしたのです。

この評定が開かれることを知った忠氏さんは、堀尾家が戦乱を生き残るために、そして家康が勝利を収めるために、評定の前日に次のような秘策を思いつきました。

「自分の城を家康に差し上げる！」

家康は三成を討つために東海道を使って西上しないといけません。しかし、その東海道上には豊臣家と縁が深い武将たちが城を構えていました。その一人が、浜松城主の忠氏さんでした。

忠氏さんが城を差し出すことで家康に味方することを示せば、家康は安心して西上して三成を討つことができることになります。そして、家康が勝利を収めれば、その功績は計り知れません。

忠氏さん、ナイスアイディアです！

その秘策を固めていた評定の前夜、忠氏さんは知り合いのある武将と会うことになりました。その武将というのが「山内一豊《やまうちかつとよ》」でした。

忠氏さんの父と似た経歴を持つ、豊臣家と関係が深い人物で、忠氏さんと同じく東海道を押さえる役割があった掛川城の城主を務めていました。一豊は、正室の千代が賢妻であることから「内助の功」で出世をしたといわれていて、特に秀でた能力がないという評価があることから、凡将と称されることもあります。

二人がどういった話をしたか詳しいことはわかっていませんが、『藩翰譜《はんかんふ》』によると忠氏さんが秘策を一豊に打ち明けたといいます。

たまにありますよね、とても良いアイディアを思いついた時に誰かに言いたくなる時。特に二十代前半の頃というのは、とにかく認めてもらいたい年頃です。

忠氏さんも張り切っている状況の中で、このナイスアイディアを思いついたため「自分って、ちょっと天才かも？」とついつい話したくなってしまったのかもしれません。

さて、そして日が明けて七月二十五日になりました。

評定が開かれる場所に、続々と諸将たちが集まってきます。その中に、もちろん忠氏さんもいました。

果たして評定はどうなるのか⁉

まず家康は諸将にこう持ち掛けました。

「妻子を人質に取られている方もいるだろうから、石田三成に味方しても何も恨むことはない。遠慮なく申し出よ」

静まり返る中、福島正則《ふくしままさのり》が大声で自分の意見を述べました。

「内府殿《だいふ》（徳川家康）に御味方いたす！」

秀吉の親戚だといわれる正則が家康に味方するのは、家康にとっても大きな戦力となり、評定の流れを完全に決定付けました。ノーと言えない現代の日本人と同様に、諸将たちは皆、家康に味方する流れとなっていったのです（一説によると、この時、田丸直昌《たまるなおまさ》という武将だけ三成に味方することを表明して席を立ったともいわれています）。

さて、そろそろ忠氏さんが名を挙げる頃合いです。ここで東海道を押さえる城を差し出すとなれば、家康は大いに喜び、諸将からも喝采を浴びることでしょう。

「さぁ、言うぞ！」と思ったその時、聞き覚えのある声が家康にこう提案しました。

「我が城を内府殿に差し上げます」

一豊でした。忠氏さんは、アイディアを完全にパクられたのです。

そして、仕方なく「私も差し上げます！」と、後追いで名乗り出た忠氏さんでしたが、功績は一豊のものになってしまいました。

その後、ご存知の通り、家康率いる東軍は「関ヶ原の戦い」において、三成率いる西軍に勝利を収めました。忠氏さんは、この戦いに参戦したものの、家康の陣の背後にある南宮山《なんぐうさん》に陣を張る長宗我部盛親《ちょうそかべもりちか》の軍勢を牽制《けんせい》しただけであり、武功を挙げることはできませんでした。一豊も同じく牽制役だったので武功は挙げていません。

とはいえ、城を差し出して東軍に味方した武功で、出雲一国（島根県）を家康から与えられることとなりました。それに対して一豊は、土佐一国（高知県）を与えられています。

当時は日本海側の貿易が盛んであり、良港を備え、世界有数の銀山を備える出雲を与えられるというのは、家康からはそれなりに評価をされています。しかし、もし城を差し出すことを一番はじめに提案していれば、評価はさらに上がったことは間違いなく、領地をもっともらえていたかもしれません。

ちなみに、出雲の石高が十二万石なのに対して、土佐は九万八千石でした。これは納得できそうな結果ですが、後に土佐は二十万石の価値があると直されています。パクられた上に、土地の石高も下回るなんて、なんともツイていません。

◆最期まで不運続き、急死の死因は祟り？

忠氏さんの不運は続きます。「関ヶ原の戦い」からわずか四年後の一六〇四年（慶長九年）に急死してしまったのです。死因は諸説あるのですが、祟《たた》りだという伝承も残されています。

ある時、忠氏さんは領内の神魂《かもす》神社の、立ち入り禁止の聖域である小成池を見物したいと言って、拒否する神主《かんぬし》を押し切って見物したといいます。その見物の直後、顔色が紫色となり病床に就いて間もなくして亡くなったそうです。

また、別の説でマムシに噛《か》まれて亡くなったともいわれています。もしかすると、聖域に足を踏み入れた際にマムシに噛まれて毒が回り、顔色が悪くなっていたのかもしれません。

とにかく、忠氏さんは将来を有望視されながらも、運が悪いとしか言いようがない最期を遂げたのでした。

しかし、忠氏さんの功績は現代まで目に見える形で残されています。

それが「松江城」と「松江の街」です。

はじめに父の吉晴が残したものと言いましたが、松江城が築かれた亀田山《かめだやま》に「城を建てよう！」と発案したのは実は忠氏さんでして、それが実現する前に亡くなってしまったのです。

むしろ吉晴は、はじめは亀田山の隣の荒隈山《あらわい》に城を築こうとしていました。忠氏さんと吉晴は意見が対立し、築城には至らない内に忠氏さんが急死してしまい、それを悼《いた》んだ吉晴が、忠氏さんの遺志を継いで築いたのが現在まで残る「松江城」であり、その城下町として発展していったのが「松江の街」というわけなんです。

日本史を動かすアイディアを発案し、現在まで続く城や街を築くキッカケをもたらした忠氏さんは、きっと名将としての器量を持っていたことでしょう。

戦国三傑のポンコツ報告書②

豊臣秀吉

◆自分の城には三百人の側室が？　家臣の妻に手を出すことも……

百姓という身分から天下人となり〝戦国一の出世頭〟と称される豊臣秀吉《とよとみひでよし》。人の心を摑《つか》む能力に長《た》け〝人たらし〟といわれています。その能力は天下統一に大いに発揮されたのですが、秀吉さんはその能力とは別にもう一つ、普通の武将よりも長けた能力がありました。それが〝女たらし〟の能力でした。

秀吉さんは、とにかく女好きだった人物で、女性関係にまつわる逸話が多く残されています。

織田信長《おだのぶなが》に仕えていた頃からその片鱗《へんりん》は見せていたようで、信長がねね（秀吉の正室）に宛てた書状がそれを物語っています。その書状は、秀吉さんの浮気癖を信長にグチったねねをたしなめる内容になっています。

そこには「以前に会った時より、十のものが二十になるほど美しくなっている。藤吉郎（秀吉さん）があなたに不満があるなど言語道断《ごんごどうだん》でけしからぬ。あのハゲネズミ（秀吉さん）がどこを訪ねても、あなたほどの女性とは二度と出会えないだろう」ということが記されています。この書状の最後には織田家の公式文書の証明である「天下布武《てんかふぶ》」の朱印が押されていることから、秀吉さんは信長からオフィシャルで浮気を注意されたということになります。現代だったら、秀吉さんは容易に週刊誌の餌食《えじき》になっていますね（笑）。

天下人となってからは歯止めが利かなくなったようで、多くの側室を迎えました。その側室には、ある特徴がありました。それはセレブな女性、高貴な出自であるという点でした。代表的な側室には淀殿《よどどの》（信長の妹のお市《いち》の娘）、三の丸殿（信長の娘）、姫路殿《ひめじ》（信長の弟・織田信包《のぶかね》の娘）、南の局《つぼね》（山陰地方の名門・山名《やまな》家出身）、松の丸殿（近江《おうみ》守護・京極《きょうごく》家出身）などがいました。秀吉さん自身が身分の低い出身だったので、高貴な女性を好んだといわれています。当時側室に数人迎えることは普通のことだったので何も問題はないのですが、手癖が悪い秀吉さんは、なんと配下の武将の妻にも手を出すこともあったそうです。完全なるパワハラ&セクハラ事案です（笑）。

その秀吉さんに一矢《いっし》報いた女性たちもいました。

美女として有名だった細川《ほそかわ》ガラシャは秀吉さんから狙われたのですが、秀吉さんから呼ばれた際には懐《ふところ》から短剣をちらつかせたため、秀吉さんは手を出さなかったといいます。また、女城主として有名な立花誾千代《たちばなぎんちよ》も秀吉から狙われたのですが、秀吉さんの屋敷を訪れる時にお付きの女中たちに鉄砲を構えさせて護衛させ、自分も武装して乗り込んだため、さすがの秀吉さんも恐くて手が出せなかったといいます。

◆**ルイス・フロイスもあきれた、その女好き**

この秀吉さんの女癖の悪さは、当時の宣教師のルイス・フロイスの記録には、次のように残されています。

「齢《よわい》は五十を過ぎていながら、肉欲と不品行において極めて放縦《ほうじゅう》に振る舞い、**野望と肉欲**が、彼から正常な判断力を奪い取ったかに見えた。この極悪の欲情は彼において止《とど》まることを知らず、その全身を支配していた。

彼は政庁内（城）に大身たちの**若い娘たちを三百名も留めている**のみならず、訪れていく種々の城に別の多数の娘たちを置いていた。

彼がそうしたすべての**諸国を訪れる際に、主な目的のひとつとしていたのは、見目麗《みめうるわ》しい乙女《おとめ》を探しだす**ことであった。彼の権力は絶大であったから、その意に逆らう者はなく、彼は国主や君侯、貴族、平民の娘たちを、なんら恥じることも恐れることもなく、その親たちが流す多くの涙を完全に無視した上で収奪した。

彼は尊大な性格であったから、自らのこれらの悪癖が度を過ぎることについても、まったく盲目であった。

彼は自分の行為がいかに卑しく不正で卑劣《ひれつ》であるかに全然気付かぬばかりか、これを自慢し、誇りとし、その残忍きわまる悪癖が満悦して、命令するままに振る舞って自ら楽しんでいた」

この他に「身長が低く、醜悪《しゅうあく》な容貌の持ち主」「抜け目なき策略家」「極度に傲慢《ごうまん》で嫌われ者」などとも記されているように、フロイスは実は秀吉さんを悪く書く意図がありました。それは秀吉さんがキリスト教を弾圧したためでした。そのため、すべてをそのまま受け入れることはできませんが、秀吉さんはそれに近いことはやっていたのでしょう。それにしても、かなりのディスられっぷりです（笑）。

第三章

戦は嫌い、太平の世なら名君主？

——【文化傾倒編】

足利義政

政治よりも銀閣寺の建築に全力を尽くす、「ミスター応仁の乱」の、のんき人生

PONKOTSU POINT

武勇	★
政治力	★
美意識	★★★★★
現実逃避	★★★★★

◆尊敬するのは祖父・足利義満、の意気とは裏腹の政治力

室町幕府の第八代将軍である足利義政《あしかがよしまさ》。世界遺産に登録されている銀閣寺（慈照寺《じしょうじ》）に代表される「東山文化《ひがしやま》」を開いた人物として知られていますが、実は文化に傾倒するあまり、将軍でありながら政治を他人任せにしてしまい、日本に大乱を招いた張本人でもありました。

義政さんは、六代将軍の足利義教《よしのり》の三男として生まれ、当初は将軍を継ぐ予定はなかった人物でした。しかし、父・義教が一四四一年（嘉吉元《かきつ》）に「嘉吉の乱」で暗殺されて後に第七代将軍となった兄の足利義勝《よしかつ》が、わずか十歳で夭折《ようせつ》（死因は落馬事故とも）してしまったため、義政さんは八歳にして将軍に指名され、一四四九年（文安六）の十四歳の時に元服を迎えて、正式に将軍に就任しました。

義政さんには将軍として目標にしている人物がいました。それが、室町幕府の最盛期をもたらした第三代将軍である祖父の足利義満《よしみつ》と、万人恐怖の政治といわれながらも将軍親政を断行した父の足利義教でした。

ところが現実はそううまくいかず、さっそく挫折をしてしまいます。理由は正室や乳母、守役など身近な人物が政治にガンガン介入してきたためでした。

特に乳母（乳母兼愛妾だったとも）である今参局《いままいりのつぼね》と、守役である烏丸資任《からすますけとう》、それに側近の有《あり》馬持家《まもちいえ》の三人は、義政さんを差し置いて権力を握ったため、世間からは「三魔」（三人とも「ま」という一字が入るため）と称されました。

さらに、一四五五年（康正元）に正室に迎えた公家《くげ》出身の日野富子《ひのとみこ》も政治に口を挟むようになってきました。

そして、日野富子は今参局と義政さんの寵愛《ちょうあい》を巡って対立を始めます。義政さんとの間に、一四五九年（長禄三）に第一子が誕生したのですが、この子どもは誕生した日に亡くなってしまいます。日野富子はこれを今参局の呪詛《じゅそ》によるものだとして訴えて、今参局を琵琶湖の沖島への流《る》罪《ざい》に処したのです（その途次で今参局は謎の死。一説には日野富子が刺客を放って暗殺したとも）。

こうして正室と乳母が揉めている一方で、側近たちも権力争いに明け暮れ、諸大名たちも家督争いで揉めに揉めている状況でした。

こういった背景もあってか、足利義満や足利義教の将軍親政に憧れていた義政さんは、政治的意欲を完全に失ってしまい、趣味だったお茶や造園、建築などの文化的な活動にのめり込んでいってしまいました。

◆日本を混乱に陥れた「応仁の乱」の元凶

そのハマり具合は少し狂気じみていたところがありまして、一四六一年（寛正二）に起きた「寛正の大飢饉《ききん》」の際には、『碧山日録《へきざんにちろく》』によると、「鴨川が餓死者の遺体で止まった」ほどだといわれる被害であったにもかかわらず、義政さんは飢饉対策に取り組むどころか、なんと御所の改築や庭園の造営、酒宴、猿楽《さるがく》などに資金を費やしてしまいました。

この行動は周囲にもかなりの顰蹙《ひんしゅく》を買ったようで、時の後花園《ごはなぞの》天皇が忠告をしたほどでした。しかし、義政さんは天皇直々のこの忠告も無視しています。

「だったら、早く将軍職を譲ったら良いのに」

誰しもそう思うことでしょう。義政さんも、とにかく早く将軍職を譲って引退し、文化的な生活を送りたかったようなのですが、義政さんには実子がいなかったためそれは叶《かな》いませんでした。

そのため、義政さんは出家していた弟を一四六四年（寛正五）に還俗《げんぞく》させて、足利義視《よしみ》と名乗らせて養子としたのです。

これで後継者問題は解決。めでたく義政さんも引退！――となるはずだったのですが、なんとこの翌年に日野富子との間に男児（後の足利義尚《よしひさ》）が誕生してしまいました。

どちらを後継者にするのか、将軍の義政さんがきちんと決めなければいけないのですが、どちらを正式に指名することもなく、ここでも趣味に興じてしまうのです。

当然、幕府内は足利義尚（息子。母の日野富子や有力大名の細川勝元《ほそかわかつもと》がバックアップ）派と足利義視（弟。有力大名の山名宗全《やまなそうぜん》がバックアップ）派に分かれ、諸大名の家督争いと絡んで、ついに一四六七年（応仁元）に日本中を巻きこむ大乱が勃発してしまいます。「応仁の乱」です！

この大乱で義政さんは、東軍である息子の足利義尚に一応は味方したことになっているのですが、基本的なスタンスは「この戦いは大名家の家督争いで、将軍家は関係ない」という中立的ないしは傍観的なものでした。停戦命令を出して収めようとしますが、大名たちはこれに応じず、戦乱は全国規模に発展していき、収拾がつかない状況に陥ってしまいました。

当時の公家の日記によると、そのような混乱の中、義政さんは度々「大飲」、つまり宴会を開いて天皇や公家たちと戯れていたといいます。

◆「趣味に生きたい！」と願って（？）、乱をよそに引退

さて、一四七三年（文明五）に東西両軍のトップだった細川勝元と山名宗全が相次いで病死しました。これで終戦へ向かうと思ったのでしょう。義政さんは「これで趣味に生きられる」とばかりに、大乱が終焉《しゅうえん》する前に将軍職を足利義尚に譲って、急に引退をしてしまいます。

後継者を正式に決めたのは良いのですが、義尚はなんと、まだ九歳！　当然、政権を取り仕切ることなどできないため、日野富子が実質上の幕府のトップとなりました。もちろんこれは異例のことです。

一四七七年（文明九）に「応仁の乱」が終焉したのを受けて、政治から逃れるように引っ越しをしました。その転居先が東山でした。

義政さんは政治家としてまったくのポンコツのようですが、祖父の足利義満が行っていた「勘合貿易」を復活させて、交易によって莫大な利益を上げています。義政さんは、その利益を「応仁の乱」で荒廃した京都の復興や困窮する民衆の救済に使いました、というわけではなく、なんと東山に金閣寺を真似《まね》た建築物に費やしてしまうのです。

この建築物というのが、「わび・さび」を取り入れた現代の日本の建築の基礎となったといわれる「銀閣寺」でした。しかし、一四九〇年（延徳二）に、義政さんは銀閣寺の完成を見ることなく亡くなっています。享年は五十五でした。

義政さんは、父や兄の急死によって将軍となり、周辺の人間に振り回された気の毒なお方ではありますが、日本を二分する「応仁の乱」の元凶となり、室町幕府の衰退と戦国時代が始まるきっかけを作ってしまいました。

しかし一方で、義政さんは現代の日本の美意識に直結してくる「東山文化」を創り上げました。その中に織り込まれた「わび・さび」の精神は、世界に誇る日本の美しさとなっています。「わび・さび」にはさまざまな解釈がありますが、その中に「閑寂《かんじゃく》な趣《おもむき》を楽しむ」というようなものもあります。義政さんが大乱の時に将軍であるにもかかわらず、中立、傍観というような立場を貫いたのは、世の中の閑寂を誰よりも求めていたからかもしれません。

細川政元

「応仁の乱」によって生み出された「半将軍」のアブない性癖

PONKOTSU POINT

武勇	★★★
政治力	★★★★
オタク力	★★★★★
不審度	★★★★★★★

◆「下剋上」の混沌の世が生み出した異様な性格

今回の主人公の細川政元《ほそかわまさもと》は、織田信長《おだのぶなが》や豊臣秀吉《とよとみひでよし》が活躍した時代から、だいたい百年ほど遡った一四六六年（文正元）に生まれた人物です。家柄はかなりの名門で、室町幕府の管領《かんれい》を務める細川家に生まれ、父は「応仁の乱」で東軍の総大将となった細川勝元《かつもと》でした。

管領というのは、室町幕府の将軍を補佐して政権を統括する重職で、絶大な権力を誇っていました。細川家の他に、斯波《しば》家と畠山《はたけやま》家という、合わせて三つの家が主に担当していたことから「三管領」とも称されました。

「応仁の乱」の最中、父の勝元が病死してしまったため、政元さんは、この名門細川家の家督を一四七三年（文明五）にわずか八歳で相続することになりました。幼名（元服前の名）を「聡明《そうめい》丸《まる》」といった政元さんは、その名の通りに幼少期から聡明だったようで、父の勝元は亡くなる際に「聡明丸がいる限り、細川は安泰だ」と言い残したといいます。細川家の未来、ひいては幕府の未来を託された政元さんでしたが、この頃の幕府は、まさにカオス状態でした。

将軍家の後継者問題に端を発した「応仁の乱」で全国の大名が戦に明け暮れ、京都は荒れ放題となり、地方でも争いが続いていました。一四七四年（文明六）に政元さん（父の跡を引き継ぎ東軍のトップとなっていた）と山名《やまな》政豊《まさとよ》（山名宗全《そうぜん》の跡を継いだ西軍の総大将）の間で和睦が行われ「応仁の乱」は終息に向かいました。この時、政元さんはまだ九歳なので、補佐役が主導したと思われます。

一四七八年（文明十）に十三歳でようやく元服を迎え、八代将軍の足利義政《あしかがよしまさ》の一字を賜って「政元」と名乗りました。日本史の大転換点の動乱に巻き込まれ、つねに政争に明け暮れる幼少期を過ごした政元さんは、異常性を持った性格の持ち主となり、その性格ゆえに悲劇的な最期を迎えてしまうのです。

一四八九年（延徳元）に九代将軍の足利義尚《よしひさ》が亡くなると、幕府は次期将軍を誰にするかで揉め始めます。二十四歳になっていた政元さんは、足利義尚の従兄《いとこ》だった天竜寺の清晃《せいこう》（後の足利義澄《よしずみ》）を推しました。しかし、義尚の母の日野《ひの》富子《とみこ》と畠山政長《まさなが》（三管領の一家）が推した足利義《よし》材《き》（足利義視《よしみ》の子、義尚の従弟《いとこ》。後の義稙《よしたね》）が十代将軍に就任してしまい、政元さんは将軍の後継者争いに敗れてしまいます。

政元さんは新将軍の義材とことごとく対立。そのため義材は、自分をバックアップしてくれた畠山政長を管領に就けたため、政元さんは政権の中枢から外され、畠山政長が政権を握ることになりました。

しかし、政争が当たり前の環境で育った政元さんは、リベンジの機会を狙っていました。そして、一四九三年（明応二）にその計画を実行します。

畠山家の内紛のため、将軍の足利義材と畠山政長は京都から河内（大阪府）に出陣をしました。これを知っていた政元さんは、義材・政長政権に不満を募らせていた勢力に事前に根回しをして味方につけておき、京都を掌握しました。そして、義材を京都の龍安寺《りょうあんじ》に幽閉して将軍職を辞めさせ、政長を攻めて自害に追い込み、還俗させた清晃を十一代将軍の足利義澄として就任させたのです。

政元さんは、実に用意周到で緻密なクーデターを成功させました。これを「明応の政変」といいます。

ところが、将軍就任式に先立つ義澄の元服の儀で、政争とは関係ない部分で政元さんは問題を起こしています。当時、元服の儀では、後見となる人が元服を迎える人に加冠《かかん》（烏帽子《えぼし》を被らせること）をすることになっていました。これを烏帽子親といいます。烏帽子というのは成人をした武士が日常的に被る帽子のことです。

たとえば、有名なところだと、熊本城を築いた加藤清正《かとうきよまさ》の烏帽子親は豊臣秀吉《とよとみひでよし》が務めたといいます。

さて、将軍の烏帽子親を務めるというのはこれ以上ない名誉なことなのですが、政元さんはなんとこれを拒否！

理由は政元さん自身が「烏帽子を被りたくないから」でした。

そのため、当初の予定日から一週間ほど延期になり、周囲から顰蹙《ひんしゅく》を買ったそうです。

被りたくなかった具体的な理由や、結局被ったのかは不明ですが、政元さんはあるものに熱心になってしまっていたため、当時から変人として有名でした。この烏帽子の一件もそれが影響しているのかもしれません。

◆周囲も困惑、政務を放り出して「自分探しの旅」に出る？

政元さんが特に熱心になったものというのが「修験道《しゅげんどう》」でした。

修験道は、山に籠って修行をして神秘的な能力を手に入れるという日本古来の宗教です。政争から逃れたい願望があったのか、若い頃からこの宗教にハマり、ちょこちょこと奇行があったそうです。

畿内の戦いを描いた『足利季世記《あしかがきせいき》』には、以下のように記されています。

「京管領・細川右京大夫《うきょうのだいぶ》政元は、四十歳の比《ころ》まで女人禁制にて、魔法飯綱《いづな》の法、愛宕《あたご》の法を行い、さながら出家の如く、山伏《やまぶし》の如し、ある時は経を読み、陀羅尼《だらに》（呪文）を弁じければ、見る人、身の毛もよだちける。されば御家相続の子無くして、御内、外様の面々、色々諌《いさ》め申しける」

飯綱や愛宕は修験道の道場として知られていた場所で、その魔法（詳細は不明）を使っていたようです。その見た目は出家をした僧侶のようでもあるし、修験道の山伏のようでもあったといいます。だから烏帽子を被ろうとしなかったのかもしれません。

そのような見た目で、お経や呪文を唱えていたようで、その政元さんを見た人は「身の毛もよだつ」、つまり〝ドン引き〟していたみたいです。

さらに問題だったのは、女人禁制、妻子を持たない童貞だったということです。修験道は女性と関係を持つことを禁止していたことから、政元さんはそれを忠実に守っていたようです。

しかし、これは武士にとっては死活問題です。なぜなら跡継ぎをもうけなければ、御家滅亡に直結してくるからです。そのため、政元さんの周囲の人々は進言を続けていたといいます。

当時の公卿《くぎょう》の日記である『後慈眼院殿御記《ごじげんいんどのぎょき》』にも政元さんの趣味に関しての記述が残されています。まとめると次のような感じです。

「近日、安芸《あき》国（広島県）から上洛《じょうらく》した司箭院《しせんいん》を師匠として、鞍馬《くらま》寺（京都市左京区）で〝天狗の法〟を修行していた。世間の人は不審がっていた」

政元さんはここでも〝不審者〟扱いされています（笑）。

現代でもそうですが、何か信仰があるのは自由ですが、それが他人の迷惑になったり、仕事に支障をきたしたりするのではよろしくありません。政元さんはどうだったかと言いますと、他人に迷惑をかけて仕事に大いに支障をきたします。

いきなり「仏門に入る」「修行に出る」「放浪の旅に出る」などと言い出して京都を突然飛び出てしまうなど、自分の都合で度々政務を放棄してしまう癖があったのです。その度に家臣任せとなった幕府政治は混乱をきたしたため、時には将軍の足利義澄自らが京都に留まるように説得に向かったこともありました。ちなみに、修験道を行う山伏は、諸国の山々で修行を行うことから、忍者のような諜報活動員の役割を果たしていました。政元さんも必要な情報を手に入れるために山伏と接していたようですが、いつからか政治的かつ軍事的な理由を飛び越えて、修験道にドハマりしてしまったようです。

◆次々と養子を取ったのが原因の跡目争いに巻き込まれて暗殺

また、政元さんは女性を近づけない代わりに、衆道《しゅどう》（男色）にもハマっていたそうです。日本は奈良時代に衆道の文化が起こって以降、明治時代に入るまで公家《くげ》や武家、そして僧侶などの間で日常的ではあったので、これはそれほど驚くことではありません。

しかし当然、衆道オンリーでは子どもができないので大問題です。政元さんはどうやら妻を持つ意志はなかったようなので、周囲は「せめて養子を取ってください」と嘆願しました。

その結果、一四九一年（延徳三）の段階で既に一人を養子（九条政基《くじょうまさもと》の末子を養子にして「細川聡明丸」と名乗らせた）に迎え、後継者に決めました。

しかし、何を思ったのか、一五〇三年（文亀三）に分家の阿波細川家からも養子を取り「細川澄元《すみもと》」と名乗らせ、はじめの養子である聡明丸を廃嫡《はいちゃく》（後継者から外すこと）したのです（廃嫡された聡明丸は元服して「細川澄之《すみゆき》」と名乗る）。

さらに、これまた何を思ったのか、別の分家の野州細川家からも養子を取って「細川高国《たかくに》」と名乗らせました。

こうなったら当然、何が起きるかは想像ができます。想像の通り、この三人の養子が、細川本家の家督を巡って激しく争い始めたのです。

そのような最中、政元さんは「奥州（東北）で修行をしたい」と言い出し、京都をまた離れようとしています。これは家臣の三好之長《みよしゆきなが》らが何とか止めています。

ポッと出てきたこの三好之長という武将、この後の政元さんの悲劇に大きく関係してくる人物です。

之長は、阿波細川家が治めていた阿波（徳島県）出身の武士なのですが、軍略に秀でていたため台頭してきたところでした。そして、ちょうど阿波細川家から政元さんの養子（細川澄元）が誕生して、摂津（大阪府）の守護に任じられたため、之長は阿波の軍勢を率いて海を渡り上洛をしたのです。

ここで一旦、整理しましょう。

政元さんの細川本家は京都を中心に活動していますが、養子と取った阿波細川家は阿波が拠点でした。政元さんがその阿波細川家から後継者を取ったため、軍事指揮官である三好之長が阿波から澄元を擁《よう》して上洛してきたというわけです。

さて、最初に後継者に指名されていたのに廃嫡された「細川澄之（元・聡明丸）」のグループは、これを見て面白いはずがありません。澄之の家臣だった香西元長《こうざいもとなが》らは、廃嫡された遺恨を爆発させ、ついに政元さんの暗殺計画を実行するのです。

暗殺するのだったら新後継者となったライバルの細川澄元をターゲットにすれば良いと思うのですが、その根源である政元さんがターゲットとなってしまいました。後継者争いに端を発した一件のようですが、やはり政元さんの異常な性格もその背景にはあったようです。

そして、一五〇七年（永正四）の六月二十三日の夜、政元さんは風呂場で行水をしていたところを襲われて暗殺されてしまいました。享年は四十二でした。

「明応の政変」によって将軍を追放、自身の傀儡《かいらい》となる新将軍を擁立して、室町幕府の管領として政権を掌握し、「半将軍」と称されるほど絶大な権力を誇った政元さん。

しかし、幼少期から政争に追われた反動か、非現実的な宗教にのめり込んだために、政務をおろそかにして後継者争いを生み出し、最後はそれが原因で暗殺されてしまいました。

人間は複数のコミュニティーに所属して成立する生き物です。物事の優先順位はもちろん大事ですが、何かを絶対だと思ってのめり込んでしまい、他をおろそかにすると、身を滅ぼす結果を招くということなのかもしれません。

大内義隆

公家文化にはまり、家臣に見放される。大内家の最盛期と衰亡を一人で招来

PONKOTSU POINT

武勇	★★★
血筋	★★★★★
公家度	★★★★★
対元恋人	★

◆山口を〝西の京〟に発展させた名門の三十一代目当主

大内義隆《おおうちよしたか》は、周防《すおう》（山口県東部）を拠点にして中国地方や九州地方北部に勢力を伸ばしていた戦国武将です。義隆さんは一五〇七年（永正四）生まれなので、織田信長《おだのぶなが》（一五三四年生まれ）よりも二十七歳上の二世代ほど上にあたります。義隆さんと中国地方の覇権を争った安芸《あき》（広島県）出身の毛利元就《もうりもとなり》は、一四九七年（明応六）の生まれの同世代になります。

義隆さんが生まれ育った大内家は、朝鮮半島の百済《くだら》の王族を先祖に持ち、大化改新よりも前の六一一年（推古《すいこ》天皇十九）に周防に上陸して、聖徳太子《しょうとくたいし》から周防に領地を賜ったという由緒ある家柄を持ちます。そのため義隆さんは、なんと大内家の三十一代目の当主にあたります。

大内家は、二十五代当主の大内義弘の時世（十四世紀後半）に、室町幕府に貢献したことから、周防の他に長門《ながと》（山口県西部）、安芸、石見《いわみ》（島根県西部）、豊前《ぶぜん》（大分県北部、福岡県東部）、筑前《ちくぜん》（福岡県北西部）という六カ国を支配して、全盛期を迎えました。

さらに、二十九代当主の政弘《まさひろ》の時世（十五世紀後半）には「応仁の乱」の西軍の主力として参戦、京都の文化を積極的に取り入れたことで、山口が〝西の京〟と称される基礎が築かれました。

その跡を継いだ三十代当主の大内義興《よしおき》は、クーデターによって京都を追われていた室町幕府の十代将軍の足利義尹《よしただ》を保護した後、一五〇八年（永正五）に義尹を奉じて上洛《じょうらく》して将軍に復職させることに成功し、幕府の重臣である管領代《かんれいだい》となり、将軍の後見人になっています。また、今までの領地に加えて山城（京都府南部）を与えられ、大内家は七カ国の守護職を兼ねました。

一五六八年（永禄十一）に織田信長が足利義昭《よしあき》を奉じて同様に上洛戦と将軍就任を行っていますが、大内家はそれより六十年前に先駆けていたことになります。

この大内義興の嫡男として大内家を継いだのが、今回の主人公の義隆さんです！

義隆さんは一五二八年（享禄元）に父が亡くなったため、二十二歳で家督を相続して、山城を除く六カ国を継承しました。当主となったばかりの義隆さんは、文武両道《ぶんぶりょうどう》の名将でした。京都を離れた貴族や文化人を保護、和歌や茶道、芸能などの京の文化を大いに取り入れて「大内文化」を花開かせ、山口に〝西の京〟としての繁栄をもたらし、大内家の最盛期を築きました。

また、大内家が以前から行っていた明《みん》や朝鮮との勘合《かんごう》貿易を活発化して圧倒的な経済力を手に入れ、後奈良《ごなら》天皇の即位式のために銭二千貫（約二十億円）を寄進しています。

さらに、一五三六年（天文五）に筑前の少弐《しょうに》家を滅ぼして北九州を制圧し、一五四〇年（天文九）には配下の毛利元就を攻めてきた出雲《いずも》（島根県東部）の尼子《あまご》家との「吉田郡山城《よしだこおりやま》の戦い」で勝利を収め、その勢いのまま安芸で尼子家に味方していた安芸武田家を滅ぼして、安芸も完全に支配下に置くことに成功しました。

まさに大内家の全盛期！　義隆さんは〝名将〟といえる活躍を見せたのですが、ある悲劇をきっかけに義隆さんは〝愚将〟となっていってしまうのです。

◆後継者の空然の死でやる気喪失、放蕩生活に

その悲劇の舞台となったのが一五四二年（天文十一）の「第一次月山富田《がっさんとだ》城の戦い」です。

二年前に尼子家との合戦に勝利し、前年にその当主で名将として知られていた尼子経久《つねひさ》が病死したことから、次の狙いを出雲に定めた義隆さんは、尼子家の本拠地である月山富田城（島根県安来《やすぎ》市）に攻め込んだのです。

厳島《いつくしま》神社で戦勝祈願をした義隆さんは、尼子家の勢力の三倍にあたる四万五千ほどの勢力で侵攻したものの、堅固な山城《やまじろ》である月山富田城を攻めあぐねて長期戦となりました。大内家は兵糧の確保をしなくてはならないところを、尼子家がゲリラ戦法によって大内家を攪乱《かくらん》し始め、大内家は劣勢になっていきました。そういったタイミングで、大内家に従っていた出雲の国人衆が再び尼子家に寝返ったため、大内家の敗戦は決定的となり、義隆さんは撤退を命じました。

この撤退戦で悲劇が起きてしまいます。

義隆さんは無事に山口へ戻ったものの、義隆さんと別ルートで山口を目指した養嗣子で後継者にあたる甥《おい》の大内晴持《はるもち》が、逃走のために乗った船が転覆して、わずか二十歳で溺死してしまった

のです。大内晴持は養子だったものの、美しい容貌を持ち文武に秀でていたために義隆さんから愛情をふんだんに注ぎ込まれ、名門の大内家の跡継ぎとして大いに期待されていたそうです。

この悲報を受けた義隆さんは、精神的に参ってしまい一種の鬱《うつ》状態となってしまったのでしょう、武将としての野心や政治家としての意欲を失ってしまいました。

そして、これ以降は領土拡大のための合戦をせず、政治は相良武任《さがらたけとう》という側近に一任して、義隆さんは和歌や茶会などに没頭して、衆道《しゅどう》（男色）や女色に夢中になったといわれ、まるでダメ公家《くげ》のような放蕩《ほうとう》生活を送り始めてしまうのです。そのため、大内家の経費は嵩《かさ》み、家臣や領民たちは増税に苦しめられたといいます。

また、一五五〇年（天文十九）には宣教師のフランシスコ・ザビエルが義隆さんに謁見《えっけん》をし、キリスト教の布教を願い出ています。しかし、ザビエルはキリスト教で禁止されている衆道を行う義隆さんを批判したこともあり、布教は許されませんでした。

ところが、その翌年にザビエルが望遠鏡や置時計、鏡、メガネなどの海外の文物を献上すると、義隆さんは一転して布教を許し、拠点として大道寺《だいどうじ》が与えられました。この時、義隆さんが手にしたメガネと置時計は、現存していませんが、日本に初めて伝わったものだといわれ、大道寺は後に焼失してしまいますが、日本初のキリスト教会だとされています。

文化的かつ国際的に日本の歴史に大きく貢献した義隆さんですが、当時の大内家の家臣たちは、文弱化してしまい武将としての魅力を失った義隆さんに激しく落胆し、仰ぐべき主君ではないという派閥が生まれ始めました。

さらに、義隆さんは正室の貞子《さだこ》（公家の万里小路《までのこうじ》家の出身）からも見放され、離縁して貞子は京都に戻ってしまいました。理由は定かではないのですが、義隆さんが貞子に仕える侍女のおさいと関係を持ったためとも、衆道に耽《ふけ》るあまりに貞子をおろそかにしたとも、その両方ともいわれています。義隆さんは貞子と離縁した後、枠が空いた正室に、おさいを迎えています。これはちょっとゲスいですね（笑）。

◆かつての〝恋人〟に謀反を起こされジ・エンド

一五五一年（天文二十）、義隆さんに対する大規模な反乱が勃発します。「大寧寺《たいねいじ》の変」です。謀反《むほん》の主導者は陶隆房《すえたかふさ》！　義隆さんの側近であり、美男子だったため、義隆さんが寵愛《ちょうあい》した衆道相手でもありました。陶隆房は公家のような文弱生活を送る義隆さんを見限り、義隆さんや相良武任たちを排除しようと兵を挙げました。

これに対して、義隆さんに味方する者は少なく、瞬《また》く間に周防を追われて長門に敗走しました。そして、津和野（島根県）の三本松城主の吉見正頼《よしみまさより》（義理の兄）を頼って、仙崎（山口県長門市）の港から出航しました。しかし、運が悪いことに暴風雨が発生して、船はまったく進みませんでした。この時、養嗣子の大内晴持の死を思い出したことでしょう。「空《むな》しく海底に沈むよりは大寧寺（山口県長門市）に行こう」と言った義隆さんは、船を引き返して山奥の大寧寺に入りました。この地で立て籠もった義隆さんですが、攻め寄せる反乱軍を前に最期を悟り、辞世の句を詠《よ》んだ後に、唯一味方してくれたといっても過言ではない重臣の冷泉隆豊《れいぜいたかとよ》の介錯《かいしゃく》で自刃《じじん》して果てました。

わずか七歳だった義隆さんの息子の大内義尊《よしたか》は大寧寺から逃れたものの、翌日に捕縛されて殺害されてしまいました。

陶隆房は、大内家の当主に大内晴英《はるひで》（義隆さんの甥《おい》。大内義尊が生まれるまで義隆さんの養子だった）を迎えて、大内家を乗っ取ることに成功しました。このクーデターは「本能寺の変」と並ぶ下剋上《げこくじょう》の典型として語られています。

この後、義隆さんから授かった「隆」を捨てて、大内晴英から「晴」を授かって「陶晴賢《はるかた》」と改名した陶隆房は、一五五五年（弘治二）に「厳島の合戦」で毛利元就の奇襲を受けて討ち死にしました。また「大内義長《よしなが》」と改名した大内晴英も、それから二年後に毛利元就に攻められて自害して果てました。こうして、三十二代九百年以上続いた大内家は、義隆さんの死からわずか六年後に滅亡を迎えてしまったのです。

さて、名門の大内家を継ぎ、全盛期をもたらした義隆さんですが、後継者の急死によって自身と大内家の運命を一変させてしまいました。

現代でも、身内の不幸や離婚や失恋などによって生活のペースを乱してしまう方（自分も含めて）がいますが、それよりもより悪い結果を招かないためにも、これまでお世話になった周囲の色々な人に相談してさまざまな意見をもらい、自分だけで乗りきろうとせずに、思い切って支えてもらうくらいが良いのかもしれません。

今川氏豊

今川義元の弟は底抜けのお人好し？
趣味仲間に城を奪われる大失態

PONKOTSU POINT

武勇	★
血筋	★★★★
連歌	★★★★★
お人好し	★★★★★

◆尾張にもいた、もう一つの「今川家」

「今川《いまがわ》」と聞くと、次項で紹介する今川氏真《うじざね》の父で、「桶狭間《おけはざま》の戦い」で織田信長《おだのぶなが》に討たれた今川義元《よしもと》を思い浮かべる方も多いのではないでしょうか。その義元の実の弟だといわれているのが、今回の主人公の今川氏豊《うじとよ》です。

戦国時代初期の大永年間（一五二一〜二八）の頃の今川家は、駿河《するが》・遠江《とおとうみ》・三河を支配下に治める全国屈指の大大名であり、次は尾張を攻め取ろうとしていました。

当時の尾張守護だった斯波義達《しばよしたつ》との合戦で勝利を収めた今川家は、尾張侵攻を本格化するために拠点となる「柳ノ丸《やなぎのまる》」というお城を築きました（それ以前に鎌倉時代から那古野《なごや》今川氏の居城があったとも）。

「丸」というのは「本丸」や「西の丸」のように、お城の中の一区画である曲輪《くるわ》を表す言葉として使われるもので、現在も、かつての城下町には「丸の内」などという言葉が残っています。東京では「丸ノ内線」の由来にもなっています。

つまり、柳ノ丸というのは「城」というものよりも「館《やかた》」や「砦《とりで》」のようなもので、そこまで大規模ではなかったと思われます。この柳ノ丸が、この後に「那古野城《なごや》」となったといわれ、織田信長の誕生の地ともいわれています。その後、江戸時代には大規模に改築されて「名古屋城」と改められて御三家の尾張徳川家の居城となりました。

さて、これを大永年間に築いた今川家は、氏豊さんを那古野今川家（駿河今川家から鎌倉時代に分かれた今川一族）の養子に入れて、斯波義達の娘を娶《めと》らせ、柳ノ丸の城主に就けたのでした。

氏豊さんの生年ははっきりわからないのですが、一五二一年（大永元）頃といわれているので、生まれてすぐに尾張に送り込まれたことになります。「尾張を今川のものに！」という、なかなかハードな宿命を背負った氏豊さんは、成長していくにつれてあるものに熱狂的にハマっていきました。それが「連歌《れんが》」でした。

連歌は、戦国時代にはすでにブームとなっていた文芸の遊びで、たとえば前の者が詠んだ句に連ねて句を詠んでいくといったものでした。

ちなみに、氏豊さんの話とは直接関係ありませんが、一五八二年（天正十）に起きた「本能寺の変」の直前に、明智光秀《あけちみつひで》が事件を起こす意思表明として「ときは今　あめが下知《したし》る　五月《さつき》かな」と詠《よ》んだのも連歌会での出来事でした。それほど連歌は一般的であり、武将の中にも好む者が多くいました。

尾張侵攻という過酷な主命を背負った反動か、連歌にのめり込んでいった十代前半の氏豊さんに、ある時、連歌友達ができます。その相手というのが、勝幡城《しょばた》（愛知県稲沢市）主の織田信秀《のぶひで》でした。織田信長の父にあたる人物です。

信秀が生まれた織田家は、守護の斯波家をサポートする守護代の清洲《きよす》織田家（清洲城を拠点にしていた）の家臣にあたる家柄でした。つまり「守護・斯波家→清洲織田家→織田信秀」という関係性になります。

信秀もまた連歌に熱中した武将の一人で、自然と連歌友達になり、使者を通じて頻繁《ひんぱん》にやり取りをするようになりました。

信秀の生年は一五一一年（永正八）なので、氏豊さんから見たら十歳上の良いお兄ちゃんに見えたかもしれません。尾張を侵攻しようとしている今川一族の氏豊さんと、その敵勢力の斯波家の家臣にあたる信秀であり、名門今川家出身と守護の下の守護代のさらに下の家臣という大きな身分の違いがあった二人でしたが、敵対関係や身分を超えて親密となり、扇箱に連歌の句を付けて度々贈り合うほどでした。

ある時、使者が洪水のために扇箱を川に誤って落としてなくしてしまう事件が起きました。これを聞いた氏豊さんは大落胆……信秀に弁明の使者を送ります。

「勝幡と那古野が近くないので、こういったことになってしまいました。もし良ければ、十日ほど那古野でゆっくり歌を詠みましょう」

氏豊さんがどれほど信秀を慕《した》っていたかがわかります。そして、氏豊さんは信秀によっぽど那古野に来てほしかったのか、もう一つ条件を提示します。

「私の城の中に信秀さんのための部屋を準備しますので」

この段階で、すでに怪しいフラグが立っていますが、ひとまずそれには目を瞑《つむ》っておきましょう。

こうして、氏豊さんは信秀を柳ノ丸に招き、城のひと部屋を与えたのでした。

◆連歌にうつつを抜かして城を乗っ取られる！

信秀は氏豊さんのもとに足繁《あししげ》く通い、訪れた際には数日間滞在して連歌を楽しみました。氏豊さんは、敵味方関係なく楽しめる連歌の世界に浸《ひた》ったのでしょうか、さらに信秀を慕っていきました。

そんな一五三二年（享禄五）の春、いつものように氏豊さんのもとを信秀が訪れました。そこまではいつも通りだったのですが、信秀は自分に与えられていた部屋の改築を勝手に始めたのです。

その時の改築は、氏豊さんがいる本丸に向かって窓を切り開くというものでした。

これを見た家臣たちは、さすがに怪しんで氏豊さんに進言します。

「客人でありながら、部屋に矢狭間《やはざま》を造っていますが……」

矢狭間というのは城壁などに設けられた射撃用の穴で、多くの城郭に見られる防御施設です。

つまり、氏豊さんの家臣たちは、信秀が造った本丸に向けられた窓は、実際はいつか本丸を攻撃するために使われる矢狭間ではないかと氏豊さんに意見したのです。氏豊さんはこれに対して、こう返答しました。

「あの人に限って、私を裏切ることなんてない！」

そして、家臣が「矢狭間では？」と心配する例の窓に関しては、こう述べたといいます。

「あの窓は、風流な人であるからこそだ。つまり、柳ノ丸は大木に覆われて狭く、夏の風を浴びるためのものだ！」

氏豊さんは、ちょっとした現実逃避に走っていたのでしょうか、ここまではっきりしたフラグが立っていることも珍しいです。

そして、ついに事件が起きます。

ある日、信秀が急に大病を発して倒れてしまいます。

そして信秀は「家臣に遺言をしたい」とでも言ったのでしょうか、勝幡城から家臣たちを集め始めました。いつの間にか柳ノ丸の信秀の屋敷や城下には、織田家の家臣が多く詰めるようになりました。

「時は今」と見た信秀は、城下に潜んだ家臣たちに城下町を焼き討ちにさせ、そのまま柳ノ丸に攻め込ませました。甲冑《かっちゅう》を身にまとった準備万端な織田軍に対して、氏豊さんの油断ゆえに、今川軍で甲冑を身にまとっている者はほとんどいませんでした。むしろ、敵が攻め込んできたとはまったく思わず、火事による騒ぎだと思っていました。

城内には仮病を装っていた信秀と、見舞いと称して潜んでいた織田軍がいたので、城下から攻め寄せた織田軍も容易に城内に侵入できました。敵軍が攻めてきたと悟った今川軍でしたが、戦準備がまったく整わず、織田軍に次々と討ち取られてしまいました。

その時、氏豊さんは……!?

この一方的な戦況に為す術《すべ》なく、知り合いを通じて信秀に命乞いをしていました。信秀はこの命乞いを受け、氏豊さんの命を取ろうとまではしませんでした。その後、氏豊さんは女方の縁を頼って京都に逃れたといいます。そして、京都でしばらく過ごしてから、駿河の兄の今川義元のもとに迎えられたと考えられています。もしかすると、京都にいた間は大好きな連歌を好きなだけ楽しむ生活を送っていたかもしれません。氏豊さんの甥《おい》で、その代で今川家が滅亡することになってしまった今川氏真も同様の生き方をしているので、ひょっとすると氏豊さんの生き方を参考にしていたのでは、とさえ思えてきます。

また、氏豊さんが駿河《するが》に戻った前後に、義元の尾張侵攻は本格化していくのですが、これは氏豊さんが奪われた城や領地を奪還する目的があったという見方もあります。京都で落ち着いた文化的な生活を送りたかったであろう氏豊さんは、兄の尾張侵攻の大義名分として政治的に利用されてしまったようです。駿河でも連歌に興じることができたでしょうか、氏豊さんのその後の詳しいことはわかっていません、

◆武将としてはダメだけど、友だちとしては最高?

さて、信秀のお城の乗っ取り事件が描かれた軍記物の『名古屋合戦記』には一五三二年（享禄五）の出来事として描かれています。

しかし、当時の公家・山科言継《やましなときつぐ》の日記『言継卿記』に一五三三年（天文二）に信秀の勝幡城で氏豊さんなどとともに蹴鞠《けまり》を楽しんだと記され、柳ノ丸近くの天王社と若宮八幡社が兵火によって焼失した後の一五三九年（天文八）に再建されたという伝承があることから、この事件は、実際は一五三八年（天文七）の出来事ではないかと最近考えられています。

その説を取るとすると、当時、氏豊さんは十八歳で、信秀さんは二十八歳ということになります。

現代でいうと、高卒の社会人一年目が、先輩社会人と同じ趣味を持ったことで親しくなったものの、そのギラギラした野心に気付かずに容易に騙され、実家の財産を奪われてしまったようなものでしょうか。

趣味が一緒の友達といると、日頃の仕事や学業の大変さを忘れさせてくれて、自分の居場所を見つけられたような気がして、心が癒《いや》されるものです。

歌人として生きたい理想と、武将として戦わなくてはいけない現実に大きなギャップがあった氏豊さんにかなり同情しますが、だからといって周囲の意見を聞かずに、政治的には敵である趣味友達に夢中になってしまったのは武将としてはいただけません。

しかし、氏豊さんは友達に持ったら最高ではないでしょうか。

仕事で失敗したり、彼女にフラれたりして「今日飲めない？」と突然誘った時、氏豊さんなら次の日の早朝から仕事だとしても、朝まで付き合ってくれる、そんな人のような気がします。

今川氏真

義元の跡を継ぐも武将の才に恵まれず、和歌と蹴鞠の世界に生きる

PONKOTSU POINT

武勇	★
愛妻家	★★★★
和歌	★★★★★
足技	★★★★★

◆「桶狭間の戦い」の大混乱で疑心暗鬼の塊に

前項の今川氏豊《いまがわうじとよ》の甥《おい》にあたるのが、今回の主人公・今川氏真《うじざね》です。その実家である駿河《するが》（静岡県）の今川家は、「御所が絶えなば吉良《きら》が継ぎ、吉良が絶えなば今川が継ぐ」といわれるほどの名門の家柄で、将軍家を継ぐ格式があるとされていました。

そして、氏真さんの父は、かの有名な今川義元《よしもと》！

義元は、今川家の第十一代当主で「花倉の乱」で実の兄を討って家督を相続して以降、戦国大名としての地位を確立し「海道一《かいどういち》の弓取り」と謳《うた》われました。当時、日本でトップクラスの実力を持っていた武将だといえます。

一五五四年（天文二十三）には、隣接する強国の相模《さがみ》（神奈川県）の北条《ほうじょう》氏と甲斐《かい》（山梨県）の武田《たけだ》氏と同盟を結びます。その名も「甲相駿《こうそうすん》三国同盟」。この同盟によって、後顧《こうこ》の憂《うれ》いを断った義元は、いよいよ三河・尾張への侵攻を本格化させていくのでした。

この同盟を結ぶために、氏真さんは早川《はやかわ》殿（北条氏康の娘）を正室に迎えています。政略結婚

であったものの二人の仲は睦《むつ》まじく、これから待ち構えている波瀾万丈な生涯を添い遂げていきます。

一五五八年（永禄元）になると、氏真さんは家督を相続し、駿河や遠江《とおとうみ》の支配を任されました。一方で、隠居した義元は尾張を支配下に置くことを目指し、一五六〇年（永禄三）に大規模な尾張侵攻をついに決行するのです。

自ら二万を超える兵を率いて出陣した義元でしたが、ここで思わぬ出来事が起きます。ご存じ「桶狭間《おけはざま》で休息中に織田信長《おだのぶなが》の強襲に遭い、義元は討ち死にをしてしまったのです。ご存じ「桶狭間の戦い」です。

父の死によって、名実ともに今川家の当主となった氏真さんに待っていたもの……。

それは「三州錯乱《さくらん》」「遠州忩劇《そうげき》」と呼ばれる大混乱でした。

義元の死をチャンスと見た三州（三河）と遠州（遠江）の家臣たちが今川家から独立・離反し始めたのです。その中で代表的な武将といえば三河の松平元康《まつだいらもとやす》（後の徳川家康《とくがわいえやす》）です。元康は岡崎城に帰り、独立の動きを見せ始めました。

この緊急事態をまとめて、父の弔《とむら》い合戦を信長に挑まなければ武将としての名は地に落ちてしまいます。

ところが、氏真さんは弔い合戦どころではなくなってしまいました。誰が味方で誰が裏切り者かわからず疑心暗鬼になってしまったのです。

一五六二年（永禄五）に井伊谷城主《いいのや》の井伊直親《なおちか》（井伊直虎《なおとら》の許婚《いいなずけ》だったとも）を呼び出して誅殺《ちゅうさつ》。一五六五年（永禄八）には曳馬城《ひくま》（後の浜松城）主の飯尾連竜《いのおつらたつ》を謀殺。少しでも独立・離反の噂《うわさ》が出た者を粛清することで、事態を収拾しようとしたのです。

しかし、これがまったくの逆効果。

氏真さんは家臣たちの支持を一気に失ってさらなる裏切りを呼び、今川家はたちまち衰退していってしまいました。ここが氏真さんの運命の分かれ道だったといえます。

そして、一五六八年（永禄十一）、今川家のこの状況をチャンスと見た武田信玄《しんげん》が、義元の代からの同盟を一方的に破棄して今川領内に侵攻してきたのです。

この時、信玄は元今川家家臣の徳川家康と手を組んで攻め込みました。二人は大井川の東側を武田領、西側を徳川領とする密約を交わしていたといいます。

この挟撃を迎え撃とうとした氏真さんですが、信玄と家康という最強クラスの武将が相手な上に、戦の最中に家臣たちの離反が相次いでしまいました。そして、本拠地の今川館《いまがわやかた》（後の駿府城《すんぷ》）は一日で攻め落とされてしまったのです。

本拠地を失った氏真は、重臣の朝比奈泰朝《あさひなやすとも》が城主を務める掛川城に命からがら逃れました。

泰朝だけは、最後まで今川家を裏切らず氏真さんを匿ったのです。今川家に対して、実に義理堅い武将です。

氏真さんが今川館から逃げる時、今川家に代々伝わった判形《はんぎょう》を紛失し、正室の早川殿の乗り物も準備できないほど慌てふためいていたといいます。

◆名門・今川家滅亡！　待っていたのは、居場所なき屈辱の日々……

氏真さんは掛川城に入ったものの、掛川城もすぐに敵軍に包囲されてしまいました。包囲した敵将は徳川家康！　信玄と手を組んだ家康は、三河から遠江に侵攻していたのです。掛川城は包囲されたものの、知将の朝比奈泰朝が巧みに籠城《ろうじょう》戦を繰り広げ、半年にわたって徳川軍の攻撃を凌ぎ続けました。

これをまたチャンスと見た信玄は、家康との約定《やくじょう》も破り、徳川家の領地となるはずであった遠江にも侵攻を始めます。「これはまずい」と思った家康は、氏真さんとの和議を進め、氏真さんは家臣たちの助命を条件に、掛川城を開城します。また、「駿河から武田信玄を追い払い、駿河を氏真に渡す」という密約も氏真さんと家康の間で結ばれたといわれています。

掛川城の開城を以《も》って、鎌倉時代から十二代続いた名門の今川家はついに滅亡！

城を追われた氏真さんは、早川殿の父である北条氏康《うじやす》を頼って小田原に移りました。早川に屋敷を与えられ平穏な日々を送りましたが、それも長くは続きませんでした。

氏康が一五七一年（元亀二）に亡くなったのです。氏康の死によって氏真さんの状況は一変！氏康の跡を継いだ北条氏政《うじまさ》は、父の外交政策（上杉謙信《うえすぎけんしん》との同盟）から転換して、武田信玄と同盟を組んだのです。信玄に家を滅ぼされた氏真さんは北条家での居場所がなくなり、小田原を離れることとなりました。一説によると、この時、信玄が氏真さんを暗殺する刺客を送り込んだといいます。

小田原を追われた氏真さんが向かった先は浜松。徳川家康が治める地でした。氏真さんは、駿河を支配するための大義名分として、今川家の元人質でありその今川家を滅ぼした男に保護されたのです。

この時すでに、氏真さんは武将としてのプライドをどこかに捨ててしまっていたのかもしれません。

浜松で保護された氏真さんは、武将ではなく文化人として、第二の人生を歩み始めます。京風文化が栄えた駿河の今川館で育った氏真さんは、蹴鞠《けまり》や和歌、茶道などの素質がありました。教養を深めた氏真さんは、一五七五年（天正三）に上洛《じょうらく》をします。大名が上洛する場合、朝廷や幕府への寄付や官位の奏請《そうせい》、そして織田信長に見るような将軍の擁立《ようりつ》など政治的なものが多いです。

しかし、氏真さんの目的は京都の寺社巡りと公家との交流会でした。政治的な部分も多少あったでしょうが、京都に行く目的として寺社巡りが多い現代人と一緒で、なんだか和《なご》みます。

この上洛中に氏真さんは、ある男に呼び出されます。

父・義元を桶狭間で討ち取った織田信長です。『信長公記《しんちょうこうき》』によると、三月十六日に京都の相《しょ》国寺《うこくじ》で、氏真さんは信長と面会をしました。氏真さんはその時、信長から「四日後に披露せよ」と得意の蹴鞠を求められました。

かなり屈辱的なこの要求！　普通の武将だったら、耐えられるものではありません。

しかし氏真さんは、信長の要望通りに同じ京都の相国寺で、親の仇《かたき》の前で蹴鞠を披露したのです。

この時の氏真さんの気持ちを知る手掛かりはありません。武将としては情けないですが、人としては素晴らしい、と私は思います。

そのまま京都で少しばかり過ごした後、氏真さんは浜松に戻りました。

そして、同年に起きた「長篠の戦い」に後詰《ごづめ》（後衛部隊）として従い、さらに諏訪原城《すわはら》（静岡県島田市）の攻撃にも参加しています。その功績からか、翌年には牧野城（諏訪原城から改名）の城主となっています。城主となるのは、今川家が滅亡して以来、実に七年振り。

しかし、何がまずかったのか、一年で城主を解任され浜松に戻されています。家康から見て、やはり氏真さんは武将としては頼れないと判断したのかもしれません。

氏真さんが浜松に戻されてから五年後の一五八二年（天正十）。信長と家康によって、ついに武田家が滅ぼされました。

この時、家康は「浜松にいる氏真に駿河を与えて、今川家を再興させたらどうでしょうか？」と信長に提案したそうです。しかし、信長は「役に立たない氏真に駿河は与えられない！　不要な人間を生かすよりは、腹を切らせたら良い」と答えたといいます。なにもそこまで言わなくても良いのに……。

氏真さんはその後、一五九一年（天正十九）までに京都に引っ越しをしたそうです。

京都では、公家《くげ》の山科言経《やましなときつね》や冷泉為満《れいぜいためみつ》などと交流して、定期的に開催されていた和歌や連歌の会などに参加、悠々自適な文化人としての日々を送りました。

そして、一六一二年（慶長十七）頃に江戸へ移住した氏真は一六一五年（慶長十九）に亡くなりました。享年は七十七。

◆名は残せずとも家と歌を残す。鞠は蹴れども人生は蹴らない！

戦乱に翻弄《ほんろう》された氏真さんは、父の死からわずか九年で今川家を滅ぼしてしまいました。それから二年後には、自分を滅亡に追い込んだかつての家臣の徳川家康の庇護《ひご》を受けます。さらに、京都に上った時には父の仇である織田信長に面会し、その前で蹴鞠を披露することとなりました。

また、江戸時代に「寛政の改革」を行った老中の松平定信《まつだいらさだのぶ》は、随筆の中で「日本治りたりとても、油断するは東山義政《ひがしやまよしまさ》の茶湯、大内義隆《おおうちよしたか》の学問、今川氏真の歌道ぞ（国を滅ぼすのは足利《あしかが》義政の茶道、大内義隆の学問、今川氏真の歌道である）」と記しています。

確かに、父の仇を取ろうともせず、文化に傾倒して国を滅ぼした暗愚な武将として、現代でも語られることが多い氏真さんですが、単に無能だと言い切ることはできません！

滅亡に追い込まれた時、武将は切腹して名を残します。しかし、氏真さんは生きることを選びました。その結果、自らの評判は落ちたものの、息子や孫たちは江戸幕府に高家《こうけ》旗本として仕え、家名は幕末まで受け継がれています。

また、武将としては名を残せなかった氏真さんですが、和歌の名手として約千七百もの歌を残し、当時の様子や人物の心情を現在まで伝えています。

そして、氏真さんの正室の早川殿との夫婦仲は非常に良く、なんと二人が対《つい》になっている肖像画が残されています。波乱な生涯ではあったものの離縁することなく添い遂げた二人の墓は、観《かん》泉寺《せんじ》（東京都杉並区）に隣り合って立っています。


氏真の辞世の句は、二つ伝えられています。


『なかなかに　世をも人をも　恨みまじ　時にあはぬを　身のとがにして』

（世も人も恨むことはない。この時代に合わない自分の身のせいなのだから）

『悔しとも　うら山し共　思はねど　我世にかはる　世の姿かな』

（悔しいとも、羨《うらや》ましいとも思わない。新しい世に変わったのだから）


余計なプライドを捨てて、己の運命を受け入れた、芯の強い氏真さんの姿が浮かんでくるようです。

『甲陽軍鑑《こうようぐんかん》』には「心は剛にてましますす（心は強い）」と記された理由がわかる素晴らしい歌だと思います。武将としての名は捨て、家と歌を残し、決して人生を蹴らずに実直に生き抜いた氏真さんは、ある意味〝戦国の勝者〟といえるのかもしれません。

兵主源六

同じポンコツなら踊らにゃ損？ 山陰の知られざる迷将

PONKOTSU POINT	
武勇	★★★★
知名度	★
ゲリラ戦	★★★★★
ダンス力	★★★★★★★

◆兵主源六……隠れたポンコツ・スーパースター

「兵主源六《ひょうすげんろく》」。この名前を聞いて「知ってる、知ってる〜！」という方は、ほとんどいないかもしれません。かく言う私も、知り合いが源六さんの末裔《まつえい》の方と友人だったことが縁で、源六さんの存在を初めて知りました。まだまだ知らないことだらけなのが、歴史の面白いところですね。

さて、源六さんは因幡《いなば》の金剛城（鳥取県鳥取市鹿野《しかの》町、別名「コンコノ城」）の城主を務めていた武将でした。詳しい経歴などは不明な点が多いのですが、大きな領地を持っていた武将ではなく、小規模な地域に勢力を張っていた国衆のような存在だったと思われます。

当初は、鳥取城（鳥取県鳥取市）を本拠地とした名門の山名《やまな》家の配下だった源六さんですが、山名家は徐々に衰えていき、吉田郡山城《よしだこおりやま》（広島県安芸高田市《あきたかた》）を本拠地として中国地方の大半を手に入れていた毛利《もうり》家が因幡にまで勢力を伸ばしてきたため、源六さんは山名家ではなく、毛利家に属すようになりました。

この頃、畿内では織田《おだ》信長《のぶなが》が飛ぶ鳥を落とす勢いで領土を拡張しており、中国地方にも羽柴《はしば》秀《ひで》吉《よし》を総大将として大軍を送り込んできました。いわゆる「中国攻め」です。

一五八〇年（天正八）に、織田軍は山名家の鳥取城を大軍で取り囲みました。山名家は毛利家と連携をしていましたが、ここで織田家に臣従する道を選びます。しかし、それからすぐ後に毛利家が鳥取城に攻め寄せたため、山名家は織田家を離れて毛利家に属することになりました。この時、鳥取城主だった山名豊国《とよくに》は、頼るに値しない人物であるとして、家臣たちから追放されています。

そして、何人かの城主の変更があった後の翌年（一五八一年）に、毛利家の重臣である吉川経家《きっかわつねいえ》が城主として迎えられました。これを受けた秀吉は、この状況を許すわけもなく、大軍を用いて再び鳥取城を取り囲み、激しい兵糧《ひょうろう》攻めを敢行しました。いわゆる「鳥取城の渇《かつ》え殺し」です。

戦国史に残るこの合戦に前後して、織田軍に奮戦していた武将がいました。それが源六さんです。

◆籠城中に漏れ聞こえてきた踊りの音曲に浮かれ出てきて無血開城

標高二百九十三mという小規模ながら堅牢の山城《やまじろ》である金剛城に籠城《ろうじょう》して、鳥取城と連携を謀って織田軍を挟み撃ちにして大いに苦しめたといいます。源六さんは、この地で生まれ育った人物ですので、土地を知った人物ならではのゲリラ戦法などで織田軍に奇襲を仕掛けたりしたのかもしれません。

これに困った秀吉は、亀井《かめい》茲矩《これのり》という出雲《いずも》（島根県）出身の武将に、金剛城の攻略を命じました。

亀井玆矩は一五八〇年に金剛城に近い鹿野城の城主に命じられた人物でした。

しかし、金剛城は堅城であり、源六さんが武勇に優れていたことから、亀井玆矩は力攻めではなく別の方法で落とすことを考えました。そして、源六さんの人柄を調べ上げて、一計を案じました。

一五八〇年（一五八一年とも）の盂蘭盆会《うらぼんえ》（お盆）の日に、金剛城の城下で踊りの大会を催したのです。それに参加した美しい装いをした踊りの一団の中には、亀井玆矩の配下の兵士が密かに混ざっていました。

さあ、この策で一体どのように山城である金剛城を攻略するつもりなのか。山麓の城下に潜入しただけでは、山城を落とすことは不可能です。

しかし金剛城は、一切の血が流れることなく、いとも簡単に落城してしまったのです。それは果たしてなぜか！

実は源六さんは、超が付くほどの踊り大好き武将でした。

油断できない戦況ではあったのですが、城下から踊りの音曲《おんぎょく》が聞こえてくると、居てもたっても居られず金剛城を飛び出て城下に訪れ、踊りの大会に参加したのです。城主が踊り好きだと、家臣たちも踊り好きになるのでしょうか。源六さんが城下に向かった際に、金剛城はなんと空《から》っぽ！　ほとんど誰もいなかったそうです（笑）。

もちろん、この好機を亀井玆矩の軍勢が見逃すはずがありません。一団に紛れた兵士と周囲に潜んでいた伏兵が一斉に金剛城に忍び込んで火を放ちました。

源六さんは山上の金剛城が突如燃え始めて驚愕《きょうがく》しましたが、時すでに遅し。慌てて城に戻ろうとしましたが、建物は燃えてしまい、戻る場所を失ってしまいました。こうして、堅城だったはずの金剛城はたやすく落城を迎えてしまいました。落ち延びた源六さんがこれ以降、どこで何をしていたのかは一切不明です。

◆現代に脈々と伝わる源六さんの〝遺産〟とは？

この事件以降、金剛城は地域の人々から「躍見の城《おどろみ》」と称されましたが、後にそれが訛《なま》って「汚登路免城《おどろめ》」と呼ばれるようになったといいます。

踊りに誘われて城を落とされた源六さんのことを『気高郡史考《けたかぐんしこう》』では次のように評しています。

「毫《ごう》も鉾も交えずして容易に城を奪われて敗亡す。豈《あに》、醜の極ならずや」

つまり「まったく戦わないで簡単に城を奪われて滅亡するなど、どうして醜態《しゅうたい》の極みでないことがあろうか、いや醜態の極みである」ということです。源六さん、言われたい放題です（笑）。

かなりの凡ミスではありますが、源六さんは私の地元にもいる（おそらくどの地域にもいる）、仕事はさておき、地域のお祭りに人生を賭けているアツいオジサンを連想させてくれます。生活するために必要な仕事よりも、生活には直結してこないボランティア的な要素があるお祭りに全力になれるあのオジサンを私は心から尊敬しています。源六さんも、きっとそのタイプのオジサンだったのでしょう。武将としてはポンコツかもしれませんが、私は好きです。

ところで、踊り大好き武将だった源六さんを魅了した亀井玆矩の一団の踊り。にわかに結成した一団だったら、源六さんを誘《おび》き出すことはできないかもしれませんので、相当なクオリティであったはずです。

実は、この時の踊りは金剛城の攻略の祝いの意味も込められて、江戸時代に鹿野藩主となった亀井家に継承されて、お盆の吉例行事として、なんと現代まで伝わっています。

鹿野町では「亀井踊り」として踊り継がれ、合戦の様子を太鼓で表現した「鹿野亀井太鼓」として伝わっています。また、亀井政矩《まさのり》（玆矩の息子）が一六一七年（元和三）に、鹿野藩から石《い》見《わ》の津和野藩（島根県津和野町）に移封となったため、当地にも踊り継がれ、「津和野踊り」として、同様に現代まで伝わっています。

ポンコツ落穂拾い①

関ヶ原のポンコツたち

まだまだいるポンコツ武将たち！ 本編では拾いきれなかった人物を「落穂拾い」として、二回に分けてコンパクトにご紹介します。まずは天下分け目の大合戦「関ヶ原の戦い」にまつわる御三方です。

小早川秀秋 寝返りがあまりにも有名な早世の武将の実像とは？

豊臣秀吉《とよとみひでよし》の義理の甥《おい》にあたる小早川秀秋《こばやかわひであき》は、秀吉の養子となって叔母《おば》のねね（秀吉の正室）に育てられ、一時は豊臣家の継承者にも考えられていました。一五九四年（文禄三）に秀吉の命令で、五大老の小早川隆景《たかかげ》（毛利元就《もうりもとなり》の三男）の養子となって十三歳で小早川家を継ぎ、秀吉の貴重な縁者として豊臣家の有力大名に名を連ねました。

その後、後ろ盾だった秀吉が一五九八年（慶長三）に亡くなると、その二年後に起きた天下分け目の「関ヶ原の戦い」に臨みました。

一六〇〇年（慶長五）九月、秀秋さんは関ヶ原を見下ろす松尾山に合戦前日に陣を張りました。

合戦は九月十五日の午前八時に始まりましたが、秀秋さんは傍観する姿勢を取ります。秀秋さんの東軍への寝返りを事前に取りつけていた徳川家康《とくがわいえやす》は早く裏切るように使者を度々送りますが、それでも秀秋さんは東西どちらに付くかを決めかねました。これに業《ごう》を煮やした家康は、秀秋さんの陣に鉄砲を撃ち込みます。いわゆる「問い鉄砲」といわれるものです。その脅しに恐れをなした秀秋さんは正午頃に東軍に寝返ることを決心して松尾山を下り、西軍の主力武将である大谷吉継《おおたによしつぐ》の陣に攻めかかりました。この秀秋さんの裏切りによって勝敗は決し、天下分け目の合戦は幕を閉じることになりました。秀秋さんの裏切りを恨んだ大谷吉継は切腹の直前に「三年の間に祟《たた》りをなさん」と遺言したといいます。

このように、優柔不断なズルい武将というイメージが強い秀秋さんですが、実は東軍の武将が記した当時の書状からすると、秀秋さんは開戦と同時に東軍に味方することを表明していたといいます。家康が放ったという「問い鉄砲」は当時の史料からは確認できず、江戸時代以降に創られた逸話といわれています。また、秀秋さんは前日に松尾山に陣取る際に、西軍の武将だった伊藤盛正《いとうもりまさ》を大垣城に追い払っています。つまり、その段階では秀秋さんは東軍に味方することを表明していたのです。

秀秋さんを討つために大垣城を出陣した西軍は松尾山を攻めますが、その最中に東軍が秀秋さんの援軍に訪れたため、横槍を入れられた西軍は総崩れとなり、勝敗はあっという間に決したといいます。

とはいえ、最終的に西軍から東軍に寝返ったことは間違いないので、当時から卑怯者《ひきょうもの》として嘲笑の対象とされました。そのような世間の評判が心労となったのでしょうか、秀秋さんは合戦から二年後に二十一歳で急死（アルコール中毒が原因の内臓疾患といわれる）してしまいます。あまりに突然の死だったことから。『関原軍記大成《せきがはらぐんきたいせい》』などに、死因は大谷吉継の祟りであると記されました。これは都市伝説めいていますが、幕末から明治時代初期に活躍した月岡芳年《つきおかよしとし》の浮世絵にも、祟りに悩まされる秀秋さんの様子が描かれていることを踏まえると、江戸時代後期には広く知られていた逸話だったようです。

さて、戦国時代の裏切り者の代表として扱われてしまう秀秋さんですが、わずか十九歳にして、日本史上に残る大合戦の雌雄《しゆう》を決する采配を振《ふる》ったという点では、評価されるべきではないかと思います。

宮部長熙　寝返ろうとして右往左往、敵に捕縛されてしまうグダグダぶり……

豊臣家の重臣だった宮部継潤《みやべけいじゅん》の嫡男《ちゃくなん》として生まれた宮部長熙《ながひろ》は、一五九六年（慶長元）に十六歳で家督を継ぎ、二十歳で「関ヶ原の戦い」に臨みました。臨んだといっても、関ヶ原の本戦には参戦できませんでした。

長熙さんは会津の上杉《うえすぎ》家を攻めるため、東軍の徳川家康の軍勢に従っていました。その時に畿内で石田《いしだ》三成《みつなり》らが挙兵をしたことを聞いた家康は、軍勢を取って返して合戦（関ヶ原の戦い）に挑みました。

『因幡民談記《いなばみんだんき》』によると、この途中、鳴海《なるみ》（愛知県名古屋市）まで戻ってきたところで長煕さんは「西軍に味方しないか」という誘いを受けます。身内や与力《よりき》の武将が西軍に付いていたため気持ちが揺らいでいた長煕さんは、ここまで来て西軍に寝返ることを決意しました。しかし、周りは東軍だらけ！　そこで長煕さんは、熱田《あつた》から桑名に船で渡る作戦を立てて事前に船頭に賃金を払っておきました。そして、作戦決行当日、夜に数名の家臣とともに陣を抜け出して約束の場所へ向かいますが、どこを探しても船は見当たりません。長煕さんは完全に金を騙《だま》し取られてしまったのです。

一方で、陣に残された長煕さんの兵士たちは、主君が逃走して西軍に寝返ってしまったと途方に暮れていました。そこで仕方なく、かつて宮部家の家臣だった武将の田中吉政《たなかよしまさ》の軍勢に加わって本戦に挑むことになりました。

ところで長煕さんは何をしていたかというと、一晩中船を探しても見つからなかったため、なんと、のこのこと陣に戻ってきて、作戦が失敗に終わったことで呆然としていたといいます。そして、西軍に寝返ろうとしたことはバレバレだったため、徳川家康の家臣に捕縛されて、岡崎城（愛知県岡崎市）に閉じ込められてしまいました。なんともグダグダです。

戦後に改易《かいえき》（領地没収）となり死罪になりかけましたが、かつての家臣だった田中吉政のとりなしによって命を助けられ、南部利直《なんぶとしなお》に預けられ盛岡で晩年を過ごすことになりました。長煕さんのグダグダは、まだ終わりません。

関ヶ原の戦いから三十年後の一六三〇年（寛永七）になって、長煕さんはとんでもないことを幕府に言い出します。合戦当時に西軍に寝返ろうとしたのは、ある武将に騙されてのことだったと報告したのです。その武将というのが田中吉政でした。結論から言いますと、合戦から三十年経っていて重要参考人となる人物が亡くなってしまったこともあり、この訴えは却下されています。真偽は不明ですが、終始グダグダな長熙さんでした。

細川忠興　妻のガラシャを愛し過ぎ。妻と目が合った庭師に嫉妬して殺害！

「関ヶ原の戦い」で東軍の主力武将として活躍した細川忠興《ほそかわただおき》は武将としての才覚だけでなく、茶人の千利休《せんのりきゅう》の七人の高弟である「利休七哲」の一人に数えられるなど、文化人としても優れた才能を持っていました。

　しかし、武将や文化人としての才能よりも、何より特筆すべきは妻の細川ガラシャに対する異常な愛情でした。

　忠興さんは十六歳で、織田信長《おだのぶなが》の仲介を経て、明智光秀《あけちみつひで》の娘のガラシャ（当時は「たま」もしくは「玉子」と名乗っていた）と結婚しました。美人だったガラシャを忠興さんは、尋常じゃないほどの愛情で包み込みます。

　一五八二年（天正十）の「本能寺の変」で明智光秀が謀反《むほん》を起こしたものの、「山崎の戦い」で羽柴《はしば》秀吉に敗れました。忠興さんは父の細川幽斎《ゆうさい》とともに、秀吉に味方する道を選びますが、そうした場合には謀反の張本人である明智光秀の娘であるガラシャを離縁しなくてはいけません。

しかし、忠興さんはガラシャと離婚することなく、世間から匿《かくま》うために領地である丹後（京都府）の山奥に閉じ込めたのです。ガラシャの幽閉生活は約二年に及びました。秀吉からの許しが出た後も、忠興さんは大坂の細川家の屋敷に住ませていたガラシャを厳しく監視していたといいます。

また、屋敷で仕事をしていた庭師がガラシャに笑顔で会釈《えしゃく》をしたため、嫉妬《しっと》に狂って、その庭師の首を刎《は》ねて殺害したという逸話も残されています。その時、忠興さんは「お前に色目を使っていたから成敗したぞ」と言って、庭師の生首をガラシャの目の前に置いたそうです。しかし、ガラシャは特に反応を示さなかったため、忠興さんが「お前は蛇か」と言うと、ガラシャは「鬼の妻には、蛇のような女がお似合いでしょ」と笑わずに返したそうです。

ガラシャは忠興さんの束縛に耐えられず、離婚を考えたといわれていますが、キリスト教では離婚がタブー視されているため思い留まったといいます。

相思相愛なら良いですが、一方通行の独善的な愛情で大切な人を苦しめてはいけませんね。

第四章

飲んだらダメ、絶対に！

――【酒色耽溺編】

斎藤龍興

酒、女大好き。側近を重用しすぎて竹中半兵衛に稲葉山城を乗っ取られる

PONKOTSU POINT

武勇	★
血筋	★★★★
アンチ信長	★★★★★
対信長	½

◆酒と女と……いきなりの家督相続＆信長の侵攻からの逃避行

「美濃の蝮《まむし》」と恐れられた斎藤道三《さいとうどうさん》の孫！　それが斎藤龍興《たつおき》です。

道三は、僧侶から油売りの商人となり、最後は美濃国の主となった下剋上《げこくじょう》の申し子です（道三の父と二代で成し遂げたとも）。最後は息子の義龍《よしたつ》と対立して、一五五六年（弘治二）の「長良川の戦い」で義龍軍に敗れて討ち死にをしています。また織田信長《おだのぶなが》の義理の父にあたる人物でもあります。

偉大な祖父、勇猛な父を持った龍興さんは、一五六一年（永禄四）に父の義龍が急死したことによって、わずか十四歳で家督を相続！　龍興さんの当面の敵は、尾張の織田信長でした。

美濃への進出を図っていた信長は、義龍の代から度々兵を出し、龍興さんに代替わりしてからも侵攻を続けていました。

これをなんとか退けていた龍興さんでしたが、ここで問題が発生。家臣たちが織田家へ引き抜かれ、斎藤家は窮地に陥っていったのです。

新興勢力だった祖父の道三と対立した旧勢力の家臣、義龍に敗れて行き場を失った道三の家臣、若き当主の龍興さんを見限った家臣など、続々と斎藤家を離れて行ってしまいました。

さらに悪いことが続きます。

この状況で精神的に追い込まれてしまったのか、龍興さんは酒色に溺れ始めて政治を他人任せにしてしまったのです。

さらに、祖父の道三の頃から仕えていた美濃三人衆（稲葉《いなば》一鉄《いってつ》、安藤守就《あんどうもりなり》、氏家卜全《うじいえぼくぜん》）などの重臣を退けてしまいます。そして、家中で評判が悪い斎藤飛騨守《ひだのかみ》などを側近として重用し始め、家中の統制は一気に失われてきます。

「長良川の戦い」による強引な世代交代、義龍の突然死による急な家督相続、若き新当主による偏った政権維持により、斎藤家は急激に衰えていってしまったのです。

◆名軍師・竹中半兵衛を愚弄！　稲葉山城を落とされる

衰弱する斎藤家を滅ぼすチャンスと見た信長は、一五六三年（永禄六）に再び侵攻を始めました。

この時、斎藤軍はある人物のおかげで「新加納の戦い」で織田軍に勝利を収めました。その人物というのが天才軍師と称される竹中半兵衛《たけなかはんべえ》！

家臣たちが離れ行く斎藤家の中で、健気《けなげ》に支え続けた半兵衛！――でしたが「半兵衛は見た目が女性のようだ」と侮《あなど》って、龍興は重用しませんでした。

龍興さんが重用する斎藤飛騨守も半兵衛を同様に侮り始め、半兵衛に無礼すぎる行動を取ってしまいます。櫓《やぐら》の上から半兵衛を嘲弄《ちょうろう》した上に、なんと半兵衛の顔に小便をかけたのです！

その場は取りつくろった半兵衛ですが、この扱いに完全に堪忍袋《かんにんぶくろ》の緒《お》が切れてしまいます。『竹中雑記』などによると、半兵衛は、飛騨守が龍興さんの居室の宿直を務めていた一五六四年（永禄七）のとある日に、たった十六人で、ある計画を実行します。城内にいる弟の重矩《しげのり》の看病と称して武具を隠した箱を持って入城し、弟の居室で武装して飛騨守を斬殺。さらに、龍興さんを追放して稲葉山城を乗っ取ったのです。

この計画には、半兵衛の義父であり、同じく龍興さんから遠ざけられていた美濃三人衆の安藤守就も加担していたため、龍興さんは為す術《すべ》なく居城を追われ、逃走をしなければなりませんでした。

その後、この計画は龍興さんを諫《いさ》めるためだったということで稲葉山城は返還されましたが、この一件で龍興さんの評判はさらに大きく下落していきました。

そして、美濃の武将たちは続々と織田家に降《くだ》り、一五六七年（永禄十）に美濃三人衆がついに織田家に内応、稲葉山城は信長によって落とされてしまったのです。

龍興さんはこの時二十歳。城下を流れる長良川を使って船で伊勢の長島へ逃れたといいます。

◆富山に生存説も！　宣教師の記録と生存伝説が導き出す真の龍興像

稲葉山城から逃れた龍興さんは、自分を滅ぼした信長に復讐を誓った人生を送り始めます。長島に逃れた龍興さんは、まずは信長と対立する長島一向一揆《いっこういっき》に参加！

さらに一五六九年（永禄十二）には京都に上って三好《みよし》三人衆らと手を組み、信長が擁立《ようりつ》した将軍の足利義昭《あしかがよしあき》を襲撃しました。この襲撃は「本圀寺の変《ほんこくじのへん》」と呼ばれ、織田軍の救援が訪れたため敗戦しました。ただ龍興さんはあきらめず、その翌年には「野田・福島の戦い」で三好三人衆や石山本願寺《いしやまほんがんじ》、雑賀衆《さいかしゅう》とともに戦って信長を大いに苦しめています。

その後、縁戚だった越前《えちぜん》の朝倉《あさくら》家に客将として招かれ、一五七三年（天正元）八月に信長と最後の戦いを迎えます。

この時、近江《おうみ》の小谷《おだに》城を囲んでいた信長軍に対して、朝倉義景《よしかげ》は浅井《あざい》家の後詰《ごづめ》（後援の軍）のために出陣。龍興さんもこれに従軍していました。

小谷城の周囲に陣を敷いた朝倉軍に対して、信長は自ら兵を率いて朝倉家の砦《とりで》を強襲し、朝倉軍を撤退に追い込みます。そして、退却する朝倉軍と追撃する織田軍とで激しい戦闘となりました。世にいう「刀禰坂《とねざか》の戦い」です。朝倉軍は反転してなんとか奮戦したものの、三千人以上の死者を出す大敗を喫してしまいます。龍興さんはこの戦で刀を揮《ふる》ったものの、美濃三人衆だった氏家卜全の子の氏家直昌《なおまさ》に斬られたといいます。享年二十六という若さでした。

稲葉山城主の際は、酒と女にうつつを抜かし、政治をおろそかにしていた龍興さんですが、追放されて以降は生まれ変わったかのように、信長への復讐だけを生涯の目標にして戦い抜いたのです。

ところで、刀禰坂で討ち死にしたといわれる龍興さんですが、実は生存説が残っているのです！

戦で敗れた龍興さんは越中（富山県）に逃れ、布市村《ぬのいち》の興国寺《こうこくじ》に隠れたというのです。その地で御家再興が叶《かな》わないと悟った龍興さんは「九右ェ門」と改名。そして、周辺の原野の開墾《かいこん》事業に従事したといいます。

この時、龍興さんは「仏様は見ている」「お経の力で米がたくさん取れるようになる」などと領民たちを励まして、開墾を進めたといわれています。

そして、一五八〇年（天正八）に開拓が一段落すると、龍興さんはこの地を「経力村《きょうりきむら》」と名付けたそうです。この地名は現在まで伝わっています。

またこの地には、龍興さんが鶴に教えられて開いたという「霊鶴源泉《れいかく》」という鉱泉が「経力の湯」として、一九一七年（大正六）まで営業していたといいます。

龍興さんは一六一一年（慶長十六）に家督を子に譲って、興国寺で出家して住持となったといいます。興国寺には龍興さんが持参したという鞍《くら》と念持仏《ねんじぶつ》が現在まで伝えられています。生存説だと、一六三二年（寛永九）に享年八十五で亡くなったといわれています。生存説のエピソードを追ってみると、滅ぼされた時の龍興さんとはイメージがずいぶんと異なってきます。

酒色に溺れ、半兵衛に城を乗っ取られ、さらに信長に城を追われた龍興さんですが、龍興さんに会ったことがある宣教師のルイス・フロイスは『日本史』に、それとは異なった人物像を記しています。

フロイスが記したのは「非常に有能で思慮深い」人物！　龍興さんは、実は聡明な一面を持っていたようです。

また、龍興さん（一説によると、龍興さんの義弟だったとも）は宣教師が話すキリスト教の教義や世界の創造などについて聞いたものを逐一メモして、一言一句間違うことなく反復して話すことができたそうです。龍興さんの聡明さに、信者たちは大いに驚いたといいます。

そして、ヴィレラという宣教師に対して、真理をついた次のような質問をしたといいます。

「デウスはなぜ人間が罪を犯さぬように造らなかったのか。また人間がデウスによってあらゆる被造物の首長とされているのならば、なぜかくも多くの不幸が人間界に満ちているのか。また、被造物が、なぜ人間の意志に容易に従わぬのか。善良に生活する者が、現世でなんらの報いも受けぬのはなぜなのか」

ヴィレラは龍興さんが納得する道理を説いた（内容は不明）といいますが、龍興さんの鋭い質問に驚いたことでしょう。

そして、越中で開墾事業に勤しみ、仏やお経の力を説いて村を作り上げたという伝説を踏まえると、龍興さんは各地を転戦する中で、まるで毒を抜かれた蝮のように、自分が何をすべきかを見出していったように思います。

己の人生は信長に復讐を果たすためにあるのではなく、民とともに平和に生きていくことにある！――それこそが龍興さんが最後に辿《たど》り着いた答えだったのかもしれません。

蘆名盛隆

男色のもつれで美少年の小姓に暗殺された超絶イケメン武将

PONKOTSU POINT

武　勇	★★★★★
イケメン度	★★★★★★★
モテ度	★★★★★★
恋愛力	★

◆名門・蘆名家を継いだ若き青年！

会津の蘆名《あしな》家は黒川城（後の鶴ヶ城、福島県会津若松市）を拠点とした戦国大名で、初代の佐原《さはら》義連《よしつら》（蘆名と名乗ったのは二代目から）は源　頼朝《みなもとのよりとも》の鎌倉幕府の創設に貢献した御家人の一人という由緒を持つ名門の家柄でした。

今回の主人公・蘆名盛隆《もりたか》は、もともとは蘆名家の出身ではなく、須賀川《すかがわ》城（福島県須賀川市）を拠点にした二階堂《にかいどう》家の出身だったのですが、父の二階堂盛義《もりよし》（二階堂家も源頼朝の家臣にルーツを持つ名門）が破竹の勢いを見せていた蘆名家に降伏して、人質として蘆名家に送られてきた身でした。ところが、ちょっとしたトラブルで運命が一転します。

当時の蘆名家の当主だった蘆名盛興《もりおき》が男子を残さずに、わずか二十八歳で亡くなってしまったため、後継者として人質の身だったはずの盛隆さんに白羽の矢が立ったのです（ちなみに蘆名盛興の死因はお酒。飲み過ぎには注意したいものです）。

そして、一五七五年（天正三）に十五歳となった盛隆さんは、先代の蘆名盛氏《もりうじ》（蘆名盛興の父、この時点でまだ存命）の養子となって、蘆名盛興の未亡人を正室に迎えて、蘆名家の十八代当主となったのです。

家督を継いだ盛隆さんは、すぐに政治を行ったわけではありませんでした。義理の祖父となった蘆名盛氏は、戦国時代の東北の有力大名だった伊達《だて》家や最上《もがみ》家にまったく引けを取ることのない実力を持ち、蘆名家の最大の領地を築き上げた名将だったので、実権は蘆名盛氏が握っていました。盛隆さんの父の二階堂盛義も、蘆名盛氏に敗れたため、盛隆さんを人質に送っています。

しかし、その蘆名盛氏も一五八〇年（天正八）に六十歳でこの世を去ってしまい、二十歳となっていた盛隆さんが本格的に実権を握ることとなりました。

◆戦場で敵将からラブレター！

さて、盛隆さんは、他の武将が持ちたくても持てない天性のものを持っていました。実は盛隆さんは超絶イケメンで、美少年として有名な武将だったのです。『武功雑記《ぶこうざっき》』などには、その美貌で合戦を止めた逸話が記されています。

ある時、盛隆さんは常陸《ひたち》（茨城県）の戦国大名の佐竹義重《さたけよししげ》との合戦に臨みました。佐竹義重は「鬼義重」や「坂東太郎《ばんどうたろう》」などの異名で恐れられた猛将で、七人の敵を一瞬で斬り伏せたといわれるほどの勇猛さを誇っていました。

しかし、佐竹義重は戦場で盛隆さんを見ると、なんと一目惚《ひとめぼ》れ！　戦場であるにもかかわらず盛隆さんにラブレターを送って文通を始め、ついに合戦は中止となって両家には和議が結ばれたというのです。

戦国時代は「衆道《しゅどう》」もしくは「男色」という、男性同士の恋愛が慣習となっていました。この文化は、日本には奈良時代に中国から持ち込まれ、江戸時代までは一般的でした。主に十代の若い武士は兄貴分となる年上の武士をパートナーとして、浮気をすることなく尽くしていました。そこには恋愛感情もありますが、裏切りや下剋上《げこくじょう》が日常茶飯事だった戦乱において、心を繋《つな》ぎ止めるための習慣であったとも捉えられています。ほとんど全員の武士（僧侶や町人などにも広まっていた）が衆道を経験していたことでしょう（衆道をたしなまなかったことで有名な人物は豊臣秀吉《とよとみひでよし》）。

大名同士の男色の関係はかなり珍しいですが、佐竹義重は美男子の盛隆さんにお近づきになろうとしたようです。和睦を結んだ後に両家では宴が開催されたそうですが、その時に会見した二人が宴の後に何をしたのかは史料には残されていないので、自由にご想像ください。

さてしかし、合戦を止めるほどの美貌を持っていた盛隆さんですが、その美貌ゆえに身を滅ぼすことになってしまうのでした。

◆昼ドラ顔負け、男色のもつれで滅亡!?

イケメンの盛隆さんは、佐竹義重との一件のように、言い寄られる専門かといえばそうではなくて、自分からグイグイいくタイプでもありました。重臣たちが、これでは大名の仕事に支障が出てくると、男色を厳しく諫言《かんげん》するほどのめり込んでいたといいます。

ある時、松本太郎《まつもとたろう》（蘆名家の重臣・松本氏輔《うじすけ》の子、幼い頃に父が討ち死に）という十三歳の少年が「初陣《ういじん》に出たい」ということを願い出るために、盛隆さんに謁見しました。松本太郎を目にした盛隆さんは驚きました。なぜなら、これまで寵愛《ちょうあい》してきたどの小姓《こしょう》よりも美しい少年だったからです。もちろん側近として取り立てて寵愛し始めた盛隆さんは、仮に合戦に出して松本太郎が討ち死にしては惜しいと思い、黒川城の留守居番《るすいばん》を任せました。

しかし、松本太郎の父は「蘆名四天の宿老」と称された重臣の中の重臣だったので、出陣して武功を挙げて、父の名跡をしっかりと継ぎたいと考えていました。そのため、盛隆さんに不満を覚えていたといいます。その不満があったためか、美少年だった松本太郎の情熱は合戦ではなく、別の方向に注がれてしまいました。なんと、盛隆さんではない別の武将と浮気をし始めてしまったのです。そして、これを嗅《か》ぎ付けた盛隆さんは、当然大激怒！　松本太郎と浮気相手を誅殺《ちゅうさつ》しようとしました。

しかし、重臣の息子を殺してはマズいと考えた盛隆さんの側近たちが必死にこれを止め、結局は松本太郎の屋敷の召し上げと家督相続の中止で落ち着いたはずでしたが、この処遇に松本太郎は不満を漏らし、なんと、盛隆さんの留守を狙って浮気相手とともに黒川城を乗っ取ってしまったのです！　男色のもつれで、居城を占拠されてしまうという、大規模な反乱へ……。昼ドラよりもドロドロした展開です（笑）。

この反乱に賛同するものは少なかったのでしょう、盛隆さんの軍勢によって反乱は鎮圧され、松本太郎と浮気相手は処刑されてしまいました。

盛隆さんは、男色好きゆえに身を滅ぼしそうになったので、これで懲《こ》りれば良いのですが、盛隆さんの男色好きは治るどころか拍車が掛かっていきました。

盛隆さんが寵愛した小姓の一人に大庭三左衛門《おおばさんざえもん》という人物がいました。三左衛門はもともと、蘆名家に服属していた二本松家に仕えていた小姓だったのですが、ある時、彼を目撃した盛隆さんはこれに一目惚れ！ 二本松家になんとかお願いして、譲り受けていました。大庭三左衛門は美童として有名でありながら、武勇にも秀でた人物で、十八歳から優れた槍働きを三度したことから「三左衛門」と名乗るようになったといいます。イケメンでありながら、合戦でも活躍をする大庭三左衛門に盛隆さんは夢中になりました。

しかし、一五八四年（天正十二）のこと、二十三歳となった盛隆さんは伊達政宗《まさむね》との戦いに勝利を収めて、黒川城へ帰陣する際に二本松の宿を通過しようとしていた時、片手に色鮮やかな花を持ちながら読書をしている十四、五歳の美男子を発見しました（また二本松！ 二本松はイケメンが多い土地柄なのでしょうか）。

盛隆さんは当然、その少年を所望して両親に贈答品を与えて、少年を自分の替え馬に乗せて黒川城へ連れて帰りました。それ以降、盛隆さんはその少年を寵愛し始め、盛隆さんの大庭三左衛門に対する愛情はなくなっていきました。

さらに、盛隆さんには悪い癖がありました。寵愛する新しい小姓ができると、それ以前の小姓をバカにして嘲《あざけ》り笑う癖があったのです。大庭三左衛門には〝冷めたら（醒めたら）食えない〟という意味を込めて「鴈汁《かりじる》」というヒドいあだ名を付けて、新しい小姓とともに陰で笑っていたといいます。

現代にもいますよね、昔の恋人のことを悪く言う人。私はあの類《たぐい》の人、苦手です。自分の恋人だったのだから「楽しい思い出をありがとう！」くらいに思えないものでしょうか。

さて、陰口を言われていると知った大庭三左衛門は、激しく落ち込み、盛隆さんを強く恨み始めました。

そして、この年の十月五日、決定的な出来事が起きます。盛隆さんからのある使者が大庭三左衛門のもとを訪れて「御殿で出る今朝の鴈汁をお召し上がりになりますか」とニヤリと笑いながら聞いてきたのです。もちろん、盛隆さんからのイタズラ、というか悪質な嫌がらせです。

これで堪忍袋《かんにんぶくろ》の緒《お》が切れてしまった大庭三左衛門は、この使者を斬り殺して自分も腹を斬ろうと思いましたが、ある決意を固めました。

この一件が記された『藤葉栄衰記《とうようえいすいき》』には、次のように書かれています。

「この者を一刀で斬ってから自害をして無駄に命を落とすよりも、屋形（盛隆さん）を討ち果たして泉下《せんか》（死後の世界）に報いよう」

そして、翌日の十月六日（十月十日とも）の早朝、黒川城に出仕して盛隆さんのもとを訪れると、盛隆さんは一人で柱に寄りかかって座っていました。周囲には小姓たちは誰もいませんでした。

これを好機と見た大庭三左衛門は、盛隆さんに斬り掛かったのです。意表を突かれたために、一の太刀で深手を負った盛隆さん、反撃をしようと刀を抜こうとしましたが、その時に大庭三左衛門の二の太刀が振り下ろされ、盛隆さんはあっけない最期を迎えてしまいました。大庭三左衛門はその場を逃れようとしたものの、二町（約二百ｍ）ほど先で追手に追い付かれ討ち果たされました。

その後、蘆名家の家督は生後一カ月だった蘆名亀王丸《かめおうまる》（盛隆さんの子、十九代当主）が継ぎましたが、二年後に夭折《ようせつ》してしまいました。そして、亀王丸亡き後の家督を、盛隆さんに一目惚れした佐竹義重と、蘆名家と度々合戦を繰り広げていた伊達政宗が争いました。混迷した蘆名家は、結局、佐竹義重の次男を養子に迎えて蘆名義広《よしひろ》を二十代当主としました。しかし、家中は混乱を極め、一五八九年（天正十七）の「摺上原《すりあげはら》の戦い」で伊達政宗に敗れ、蘆名家は滅亡してしまったのです。

蘆名家の全盛を築いた蘆名盛氏の死から九年後に滅亡を迎えてしまった元凶は、男色好きが原因で暗殺されて他家を介入させる家督争いを招いてしまった盛隆さんだといわれています。

現代でも「ゲス不倫」などという言葉が飛び交うなど、恋愛のトラブルは多いですが、そういった人間の本能的な部分は、どの時代も変わらないのでしょう。

盛隆さんのように、痴情のもつれで殺されてしまうのは、ドロドロの恋愛ドラマや刑事ドラマもビックリの展開です。この逸話は史実とは言い切れないのですが、さまざまな史料に盛隆さんの恋バナが載っていることを考えると、やはり史実でもイケメンゆえに浮名を流していたのではないでしょうか。

しかし、やはり昔の恋人を悪く言ってはいけませんね。盛隆さん、思い出は大切にしましょう。

薄田兼相

「大坂の陣」の時、遊郭に行っている間に自分の砦を落とされてしまう……

PONKOTSU POINT	
武勇	★★★★
統率力	★★★
対性欲	★
リベンジ力	★★★★

◆謎多き豪傑、豊臣家の重臣として「大坂の陣」に参戦

「薄田兼相」。初見だとなんと読むのかわかりませんね。また、通称を「隼人正」というのですが、こちらも初見だと読めません。今回の主人公の名は「すすきだ・かねすけ」、通称は「はやとのしょう」と読みます。

兼相さんが活躍した時代は、織田信長《おだのぶなが》が「本能寺の変」で亡くなり、豊臣秀吉《とよとみひでよし》が天下人となった頃でした。

生年や前半生がほとんど不明の人物で、出身地などもわかっていません。一説によると、諸国を武者修行して廻った後に、豊臣秀吉の馬廻衆《うままわりしゅう》になったといいます。馬廻衆というのは大名の側近く仕える精鋭部隊で、織田信長における前田利家《まえだとしいえ》のように、武勇に秀でた将来有望な武将が任命されることが多く見られました。

秀吉が任命した馬廻衆には兼相さんの他には、真田信繁《さなだのぶしげ》（幸村《ゆきむら》）などがいることを考えると、兼相さんの実力は相当なものがあり、秀吉から大きな期待を受けていたと考えられます。

大きな身体つきだった兼相さんは、大好きな相撲を取っては誰も敵《かな》うものがいなく、二、三人を相手にケンカをしても負けることはなかったといわれ、人は「鬼薄田」と称したといいます。

一五九八年（慶長三）に秀吉が亡くなった後は、秀吉の後継者である豊臣秀頼《ひでより》に仕えました。一六一二年（慶長十七）の正月には、秀頼の名代《みょうだい》として、駿河《するが》の徳川家康《とくがわいえやす》への年賀の使者に行っています。秀頼の代理として、全国でも屈指の大名である家康のもとを訪れる役割を与えられていることから、この頃には兼相さんは豊臣家の家中で重きを成していたことがわかります。

それから二年後の一六一四年（慶長十九）、戦国時代はクライマックスを迎えようとしていました。

兼相さんが仕える豊臣家と、江戸幕府を開いて政権を握っていた徳川家が決裂して合戦は避けられぬものになったのです。「大坂の陣」の始まりです。

豊臣家は、全国の諸大名を従えて襲来する徳川の大軍に対して、大坂城の周辺に多くの砦《とりで》（真田丸など）を急造しました。その中で、最大のものが木津川《きづがわ》のほとりに築かれた「博労淵砦《ばくろうぶち》」でした。そして、博労淵砦の守将に任命された人物こそ兼相さんだったのです。

『難波戦記』には、大坂城内の軍議では「博労淵砦は器量ある者に任せるべき」となって兼相さんに決定したと描かれています。

◆遊郭通いで砦に不在？　兵の士気上がらず敗走

大坂城の西側、現在の西長堀駅（大阪市西区）の北側にあった博労淵砦には七百の兵が籠り、木津川を舟でのぼって大坂城を狙おうとする徳川軍をつねに監視していました。もし偵察などに訪れた徳川軍がいようものなら、薄田軍は荻《おぎ》や葦《あし》の茂みに隠れて徳川軍を狙撃しました。さすがは秀吉が目をかけた兼相さんです。

この兼相さんの巧みな戦術に徳川軍は大苦戦。この砦の攻略を早急にしなければなりませんでした。

そこで徳川軍の蜂須賀至鎮《はちすかよししげ》は、この砦に夜襲を仕掛けて陥落させようと考えました。「大坂冬の陣」の戦いの一つである「博労淵の戦い」です。

至鎮は家康に荻の刈り取りを願い出て、それを口実に他の武将に先駆けて砦を攻略して武功を挙げようとしました。しかし、至鎮には許可が下りず、なぜか徳川軍の別の武将（石川忠総《いしかわただふさ》）に刈り取りが命じられました。理由は定かではありませんが、蜂須賀家は外様《とざま》であるのに対し、石川忠総は家康の譜代《ふだい》の重臣である大久保忠隣《おおくぼただちか》の次男だったことから、忠総が功を挙げるように命じたのかもしれません。

一六一四年（慶長十九）十一月二十八日の深夜に、二千三百の兵を率いた忠総は博労淵砦の対岸にある葦島《あしじま》（木津川の中州）に密かに陣を張りました。そして、翌日の未明に小舟に兵を分けて乗らせて博労淵砦に攻め寄せました。

砦に攻撃を仕掛けようとした石川軍ですが、砦の兵士に気付かれて鉄砲による激しい狙撃を受け、犠牲者を多く出しました。この銃声に気付いた至鎮は、功を盗られてはなるものか、と慌てて博労淵砦に攻め寄せました。

それを見た石川軍も激しい銃弾が飛び交う中、木津川を渡河して蜂須賀軍と時を同じくして砦に上陸しました。

さぁ、ここからが鬼薄田こと薄田兼相の真骨頂！

と、いきたいところだったのですが、なぜか砦の城兵たちは士気が急激に下がり、戦わずして逃走。こうして博労淵砦はあっけなく陥落してしまったのです。

なぜ城兵たちの士気が下がり、逃走してしまったのか……。

実はこの時、城将の兼相さんは博労淵砦に不在だったのです。理由はなんと、遊郭で遊んでいたからでした！

『難波戦記』には「薄田、その夜は町屋へ出で、遊君（遊女）どもを召し集め、数刻（一刻＝二時間）の酒宴に沈酔して、前後も知らず臥《ふ》したりける」と記されています。

兼相さんは女遊びで、担当の砦を落とされるという大失態を演じてしまったのです。また、別の説には「風呂に入っていたため」ともいわれています。

この兼相さんの大ミスに対して『大坂物語』には一首の狂歌が残されています。

「伯楽が淵にも身をば投げよかし　すすきたなくも逃げて来んより」

つまり「博労淵に身を投げたほうが良いのに逃げて来やがった」と、かなりディスられています。

さらに！　大坂城に逃げ戻ってきた兼相さんに対して、大坂城内の諸将からはあるあだ名を付けられてしまいました。そのあだ名というのが「橙武者《だいだいむしゃ》」でした。

『大坂陣山口休庵咄』にこのことが記されています。

「(兼相さんを)だいだい武者と異名を附け申し、だいだいは、なり大きく、かぐ類(柑橘類《かんきつ》)の内、色能きものにて候へども、正月のかざりより他、何の用にも立ち申さず候」

橙とは酸味が強くて食べられなかったため「大きくて色は良いけど、正月の飾り以外には何の用にも立たない」ということです。ひどいニックネームをつけますよね(笑)。現代でもそうですが、ミスをした者に対して、世間というのは本当に容赦がないですね。

大坂城内の兼相さんへのディスりは、まだ止まりませんでした。

『武者物語』によると、「大坂冬の陣」が和睦となって終焉《しゅうえん》した翌年の春、軍議が開かれた時に十二、三歳の小姓が大柑子《だいこうじ》(柑橘類の一種)を兼相さんの前に持ち出してこう言いました。

「この大柑子は人間にたとえていえば隼人正殿(兼相さん)なり。見たる所はいさぎよしといえども、内心悪《あ》しくして、食物にもならず。上と底との相違したるものなり」

豊臣家中は柑橘系でいじるのが好きなのでしょうか。しかも今度は十二、三歳の少年を使った嫌がらせということで、兼相さんは面目を大いに失いました。これは大坂城内で権力を握っていた大野治長《おおのはるなが》が指図したものだったといいます。

完全なるパワハラですね。私だったらすぐに辞めますが(笑)、兼相さんは違いました。汚名返上のチャンスを虎視眈々《こしたんたん》と狙っていたのです。そして、この年の夏、その機会が訪れました。

「大坂夏の陣」です。

再び大坂城に攻め寄せる徳川軍。冬の陣の和睦で大坂城の堀は埋められ、砦は破壊されていたため、打って出るしか術《すべ》はありませんでした。兼相さんは大和《やまと》（奈良県）方面から大坂城に迫る徳川軍を迎撃する役割を与えられ、「大坂五人衆」の一人である後藤又兵衛《ごとうまたべえ》の後詰《ごづめ》（後援の軍）として出陣しました。

しかし、徳川軍の到着が思ったよりも早く、道明寺《どうみょうじ》に到着した又兵衛は小松山に着陣して、後詰の到着を待ちました。徳川軍は小松山を包囲して、そのまま後藤軍に攻撃を仕掛けました。一六一五年（慶長二十）五月六日の未明に起きた「道明寺の戦い」です。後藤又兵衛は、約八時間の戦闘の後、正午頃に討ち死に。

その頃になってようやく兼相さんは、真田信繁などとともに道明寺に着陣しました。一説によると、霧が濃かったために進軍に時間がかかって、八時間以上も遅れてしまったといわれています。

もう、兼相さんに戻る場所はありませんでした。「たとえ味方が退却しても自分は踏み留まって討ち死にしよう」と決意していた兼相さんは、伊達政宗《だてまさむね》・水野勝成《みずのかつなり》・本多忠政《ほんだただまさ》という徳川屈指の名将たちを相手に、三十人ほどの手勢を率いて立ち向かいました。馬上で三尺六寸（約百八㎝）の大太刀を揮《ふる》って十騎ほどの敵を斬った後、水野家の川村信八《かわむらしんぱち》によって討ち取られたといわれています（討ち取った人物などについては諸説あり）。

この奮戦ぶりはさまざまな史料に記録され、兼相さんは「冬の陣」の汚名を完全に雪《そそ》いだのでした。

◆汚名を雪いだ兼相さんに残された「伝説」とは？

兼相さんには、ある伝説があります。

江戸時代以降の歌舞伎や講談に登場する「岩見重太郎《いわみじゅうたろう》」という人気のキャラがいたのですが、これは兼相さんがモデル、もしくは兼相さんの前身ではないかといわれているのです。

重太郎は小早川隆景《こばやかわたかかげ》（毛利元就《もうりもとなり》の三男）の剣術指南役の岩見重左衛門《じゅうざえもん》の息子として誕生したとされています。ある日、父の重左衛門が同僚の広瀬軍蔵《ひろせぐんぞう》にだまし討ちに遭って暗殺されてしまいます。その仇討《あだう》ちをするために、重太郎は諸国を巡り、ついに一五九〇年（天正十八）に、日本三景の「天橋立《あまのはしだて》（京都府宮津市）」で広瀬を討ち果たしたといいます。現在、天橋立には「岩見重太郎　仇討ちの場」という記念碑が建てられ、仇討ちの試し切りにしたといわれる石が残されています。

そして、仇討ちを果たした重太郎は、叔父の養子になったといいます。叔父の名は薄田七左衛門《しちざえもん》。養子入りした重太郎は名を改め「薄田兼相」となったといわれています。

この仇討ち以外に、重太郎は信州松本（長野県松本市）で狒々《ひひ》（伝説上の生き物）をひとりで退治したり、河内丹南郡《かわちたんなん》の葛城山《かつらぎさん》で山賊をひとりで退治したりしたといわれていますが、どれも基本的には物語の中のお話です。

なぜ兼相さんの前身といわれるようになったかというと、兼相さんの「前半生が謎」で重太郎と同じく「武術が得意な大男」であったためと考えられます。

実際、兼相さんは「兼相流《けんそう》柔術」や「無手流剣術」などの流派の創始者といわれているので、そうしたものを繋ぎ合わせて創り上げられたものが「岩見重太郎＝薄田兼相」というお話のようです。

さて、女性問題でミスを犯して、職場や社会から叩かれた兼相さん。それでも折れずに挽回のチャンスを待ちました。そして、その一度のチャンスをものにして見事に名を残し、後世に物語のヒーローとして語り継がれていきました。

これは現代社会にも刺さる内容ではないでしょうか。もし、そういったミスを犯した方がいましたら、ぜひ兼相さんを参考にして、もう一度戦ってみてください。もしかすると、その後、語り継がれるかもしれません。

私はまず、女性問題で仕事に支障が出て、橙や柑子のように酸っぱい思い出を作ることがないように注意したいと思います。

福島正則

酒豪ランキング・ナンバー1武将は、酒癖の悪さも天下一品

PONKOTSU POINT

武勇	★★★★★
出世度	★★★★★
酒乱度	★★★★★★★
街づくり	★★★★

◆秀吉から賜った名槍を酒宴の賭けの景品に！

戦国武将の中で酒好きとして有名なのが、福島正則《ふくしままさのり》です。

正則さんは豊臣秀吉《とよとみひでよし》が織田信長《おだのぶなが》の下で頭角を現した頃に、秀吉に小姓《こしょう》として仕えた武将です。出自は不明（一説には実家は桶《おけ》屋だったとも）なところが多いのですが、秀吉の親戚（母が秀吉の叔母だったとも）だった縁で見出されたといわれています。「桶狭間《おけはざま》の戦い」の翌年の一五六一年（永禄四）に誕生したこともあり、初陣《ういじん》となったのは十八歳の時の一五七八年（天正六）に行われた「三木合戦」でした。

〝秀吉子飼いの武将〟といわれる正則さんは、その後、一五八二年（天正十）の「本能寺の変」の後に起きた明智光秀《あけちみつひで》との「山崎の戦い」で武功を挙げ、その翌年の一五八三年（天正十一）に起きた柴田勝家《しばたかついえ》との「賤ヶ岳《しずたけ》の戦い」では一番槍＆一番首という大功を挙げています。この戦いで特に活躍した七人（加藤清正《かとうきよまさ》、加藤嘉明《よしあき》など）は後に「賤ヶ岳の七本槍《しちほんやり》」と称されました。

従兄弟《いとこ》にあたる秀吉の天下取りに大きく貢献した正則さんですが、秀吉の死後には徳川家康《とくがわいえやす》に

接近して、一六〇〇年（慶長五）の「関ヶ原の戦い」では東軍の中心武将として勝利に貢献します。そして、その武功により安芸《あき》・備後《びんご》四十九万八千石を領する大大名となり江戸時代を迎えました。

さて、戦国武将として大成功を果たした正則さんですが、大好きな酒では大失敗をしております。

時は一五九六年（文禄五）の正月のこと。秀吉が行った「文禄の役」が休戦となっており、世の中には束の間の平穏に満ちていました。そんな年の正月に正則さんがやることといえば、もちろん酒宴です！

秀吉の隠居城として築かれた伏見城《ふしみ》（京都市伏見区：後に桃の木が植えられ「桃山城」の別名でも呼ばれる）の福島家の屋敷で、正則さんは家臣たちとともにドンチャン騒ぎをしていました。

そこにある人物が訪れます。訪問者は黒田家の重臣の母里太兵衛《もりたへえ》。黒田家の当主の黒田長政の代理として正則さんに正月の挨拶《あいさつ》に来たのです。酒豪として知られていた母里太兵衛ですが、黒田長政からある命令が出されていました。それは「正則の酒に付き合うな」ということでした。どうやら、正則さんへの酒癖の悪さは武将たちの中で有名だったようです（笑）。

母里太兵衛は正則さんへの挨拶を終えて帰ろうとしますが、酒が入った正則さんは帰そうとせずに、当然「飲んでいけ」と朱色の大盃《おおさかずき》になみなみと注がれた酒を勧めます。現代でもいますよね、こういう人（笑）。

主命が下されていた母里太兵衛は、これを何度も固辞します。しかし、それでも正則さんは執《しっ》拗《よう》に酒を勧めました。

「これを飲めば望みの褒美《ほうび》を与える！」

ところが、それでも断る母里太兵衛。そして、正則さんはついに暴言を吐いてしまいます。

「卑怯者《ひきょうもの》め！　黒田の侍は腰抜けの侍ばかりじゃ。酔えば何の役にも立たないのか！」

一方的に正則さんから罵声《ばせい》を浴びせられた母里太兵衛は、黒田家をバカにされてはたまらないということで、大盃を手に持ち、褒美として「日本号」という名槍を所望しました。

この槍の歴代の持ち主がスゴいです。もともと皇室に伝来したもので、正親町《おおぎまち》天皇から室町幕府の第十五代将軍の足利義昭《あしかがよしあき》に渡り、その後、織田信長、豊臣秀吉を経て、正則さんの手に渡りました。後の話になりますが、江戸時代には「西の日本号、東の御手杵《おてぎね》」と呼ばれ、明治時代以降はその二本に「蜻蛉切《とんぼきり》」（槍先に止まったトンボが切れてしまうほどの切れ味ということに由来）が加えられて「天下三名槍」と称されるほどの槍でした。

この〝日本無比の槍〟とも称された国宝級の槍を所望された正則さんは、酒が入っていたためこの槍の由緒や重要性を忘れてしまい、勢いで「しからば、この槍を与える！」と約束してしまったのです。

そして、酒豪である母里太兵衛は見事に大盃の酒を飲み干して、日本号を持ち帰ったのでした。

しかし、その翌日のこと。酒が抜けて素面になった正則さんは日本号を与えてしまったことに大慌て！

正則さんは「その槍は太閤《たいこう》（秀吉）より賜《たまわ》りし重宝なり。いかでか人に与えん」と後悔をして、母里太兵衛に使者を出し「その槍を返すべし！」と（なぜか上から目線で・笑）泣きついたそうです。しかし母里太兵衛は、「武士に二言《にごん》はないよね」とばかりに、正則さんのその嘆願を完全にスルーして、戦場でつねに愛用したといいます。

江戸時代に貝原益軒《かいばらえきけん》が記した『黒田家臣伝』に残るこの逸話は、黒田家の本拠地の福岡の民謡の「黒田節」のモデルとなり「酒は呑め呑め、呑むならば、日本一《ひのもといち》のこの槍を、呑み取るほどに呑むならば、これぞ真《まこと》の黒田武士」と、酒席には欠かせぬ唄として現代まで唄い継がれています。

また、「呑み取りの槍」ともいわれた日本号は、後に黒田家から福岡市博物館に寄贈され、現在も間近で見ることができます。

◆酔って切腹を命じた家臣の死に、酔いが醒めて大後悔

また江戸時代に松浦鎮信《まつらしげのぶ》が記した『武功雑記《ぶこうざっき》』には、別の酒乱エピソードが残されています。

ある年のこと、江戸から領地の安芸《あき》へ戻るために、正則さんはいつも通り鞆《とも》の浦《うら》（広島県福山市）で下船しました。船の上でたらふく酒を飲んでいたために泥酔状態だった正則さんは、下船の際にあることに気付いて大激怒します。

「小身者（身分が低い者）は、木綿の着物に着替えておけと申し付けただろう！」

具体的な理由は不明ですが、正則さんは作法として木綿への着替えを命じていたそうで、この御触れが家臣たちには行き届いていなかったのです。

激怒した正則さんは、御触れを出しておくように命じた家臣の柘植《つげ》清《せい》右衛門《えもん》を呼び出して厳し

く問い質《ただ》します。しかし、柘植清右衛門は勇敢にも泥酔の正則さんに反論をしました。

「そのようなこと承《うけたまわ》っておりません！」

そうなんです、正則さんは御触れを出した気になっていたのですが、実際は出していなかったのです。しかし、正則さんは引くに引けず「清右衛門、憎き奴！」と逆ギレをしてしまいます。家老たちは仲介をしようとしますが、酒が入った正則さんは止められません。そして、ついに「清右衛門に腹を切らせよ！」と切腹命令を下してしまうのです。しかも「清右衛門の首を見ないと船から下りない」と言い出す始末でした。完全に酒乱です。

この状況を受けた柘植清右衛門は「私ひとりのために、このようなことになって申し訳ない」ということで、港の町屋で切腹をしてしまいます。船上に届けられたその首を見た正則さんは上機嫌になり、そのまま大きないびきをかいて眠りについたそうです。

しばらくして目を覚ました正則さんは、用事があったのか、なんと柘植清右衛門を呼びました。酒のせいで、完全に記憶をなくしてしまっていたのです。

いつまで経っても柘植清右衛門が現れないことを不審に思った正則さんは、家老に事情を尋ねました。家老がいきさつを説明すると、正則さんは肝《きも》をつぶして、自分がしてしまったことを悔いて声を上げて号泣したといいます。

◆酔ってなければ名君だった？　正則さん「ちょっといい話」

酒の失敗談が多い正則さんですが、酒に関するホッコリする話も残されています。

関ヶ原の戦いの後、世の中に一時の平穏が訪れた時のこと。江戸に設けた屋敷で暮らすこともあった正則さんは「関東の酒は口に合わない」として、安芸から江戸へ船で酒を運ばせていました。『武林名誉録』によれば、ある時、その船が暴風雨に遭って太平洋を流され、八丈島に漂着したといいます。

そこには、かつての五大老の宇喜多秀家《うきたひでいえ》がいました。秀家は関ヶ原の戦いで西軍についたために改易《かいえき》（領地没収）となり、八丈島に島流しに遭っていたのです。

宇喜多秀家は酒を所望したため、正則さんの家臣たちは主君のお咎《とが》めを恐れながらも、宇喜多秀家に酒を一樽献上することにしました。

後日、報告を受けた正則さんは、その家臣たちを呼び出しました。側近は「短気である正則様のことだ。これから手討ちにされるぞ」と噂《うわさ》をしていたといいますが、正則さんはその家臣たちに対してまったく怒ることもなく、むしろ「よくやった！」と褒《ほ》め讃《たた》えたそうです。

理由は「一樽の酒など小さな事」「もし所望を断れば私が吝嗇《りんしょく》（ケチ）だと人々に卑《いや》しまれた」「酒を与えたことを隠さなかったのは神妙」ということでした。この時はおそらく酔っていないので、素面《しらふ》の時は良い人ですね（笑）。酔っていたとしても「お酒のことでケチケチするな」として許していたかもしれませんね。

酒癖が悪く、猛将としてのイメージが強いため、直情型の猪武者《いのししむしゃ》として描かれることが多い正則さんですが、実は街づくりが得意な一面も持っていました。

毛利家の印象が強い広島城ですが、お城と城下町を整備したのは一六〇〇年から十九年間城主を務めた正則さんでした。石垣積み職人の穴太衆《あのうしゅう》を呼んでお城を改築した他、城下の街道や港湾を整備して広島の商業を盛んにしました。

しかし、一六一九年（元和五）に洪水で崩れた石垣を江戸幕府に無断で修復した容疑がかけられてしまいます。これが「武家諸法度《ぶけしょはっと》」に違反したということで、改易の処分が下されてしまいました。

改易された正則さんが転封《てんぽう》された地は川中島（長野県長野市）。領内の高井野（長野県高山村）に蟄居《ちっきょ》した正則さんは一六二四年（寛永元）に亡くなるまで、新たな領地の用水路の設置や新田開発、治水工事などを行い、領地の発展に大きく貢献をしました。現在も高山村には「福島正則屋敷跡」や「福島正則荼毘《だび》所跡」が史跡として残されています。

「酒は飲んでも飲まれるな」とはよくいいますが、まさに正則さんのためにあるような言葉です。合戦では誰もが恐れる猛将として武功を挙げ続け、大名としては優れた領地経営を行った正則さんですが、酒が入るとどうも前後を忘れてしまうところがあったようです。

誰でもお酒の失敗談はあると思いますが、やはりお酒はほどほどに、みんなで楽しく（時には一人で）飲むのが一番ですね。

本多忠朝

二日酔いで戦に敗走。今は禁酒の神様に！

PONKOTSU POINT

武勇	★★★★
血筋	★★★★
人柄	★★★★★
対お酒	★

◆徳川四天王・本多忠勝の息子！

本多忠朝《ほんだただとも》は、徳川四天王の本多忠勝《ただかつ》の次男として生まれました。本多忠勝というと「家康《いえやす》に過ぎたるものが二つあり、唐《とう》の頭《かしら》と本多平八《へいはち》」と謳《うた》われた徳川家康の重臣です。「唐の頭」というのはヤク（日本に生息しない高地にいるウシ科の動物）の貴重な毛をあしらった兜《かぶと》のことで、「本多平八」というのは通称を「平八郎」と名乗った本多忠勝のことを指します。

忠勝は、前項にも登場した「天下三名槍」に数えられる「蜻蛉切《とんぼきり》」（槍先に止まった蜻蛉が切れてしまうほどの切れ味ということに由来）という槍を愛用して、生涯で五十七回の合戦に参戦して傷一つ負わなかった名将です。また、鹿の角を脇に差した兜や大きな数珠《じゅず》をたすき掛けにした漆《しっ》黒《こく》の甲冑《かっちゅう》なども有名です。

その忠勝の次男の忠朝さんは、織田信長《おだのぶなが》が「本能寺の変」で散った年の一五八二年（天正十）に誕生しました。七歳上の兄には姫路藩の初代藩主となる本多忠政がいて、九歳上には真田信繁《さなだのぶしげ》（幸村《ゆきむら》）の兄である真田信之《のぶゆき》の正室の小松姫がいます。

忠朝さんの初陣《ういじん》といわれるのは、一六〇〇年（慶長五）に起きた「関ヶ原の戦い」です。一九歳の忠朝さんは、父の忠勝に従って参戦しました。この時、兄の忠政《ただまさ》が本多家の本隊を率いて、徳川秀忠《ひでただ》（家康の息子）が率いる徳川本隊に従って東山道から西へ進軍していました。しかし、肝心の本隊は関ヶ原には訪れませんでした。なぜなら、忠朝さんにとって義理の伯父である真田昌幸《まさゆき》と義弟にあたる真田信繁が、上田城で巧みな籠城《ろうじょう》戦を繰り広げ、徳川本隊や本多本隊を引きつけていたためです。世にいう「第二次上田合戦」です。結局、この軍勢は関ヶ原の戦いには間に合わず、家康は兵を率いていた秀忠に大激怒して面会拒否をしたといわれています（第一章参照）。

兄の忠政が参加する軍勢が遅参したとなれば、本多家がお咎めを受ける可能性があります。忠朝さんと父の忠勝は、武功を必ず挙げると誓ったことでしょう。そして、本戦において本多軍はわずかな軍勢（忠政が本体を率いていたため）ながら、九十にも及ぶ首を挙げる活躍を見せたのです。

この時の忠朝さんは、蜻蛉切を振り回して奮戦する父の忠勝に従って戦いました。『武功雑記』などによると、あまりに激しく戦ったことから、太刀が曲がって鞘《さや》に収まらなかったといいます。忠朝さんのこの活躍ぶりに、家康は「今日の働き、行く末、父にも劣るまじき」と賞賛したといわれています。

この時の本多父子の陣地跡が、関ケ原駅から南に四百mほど行ったところに残されています。この軍功により、父の忠勝は伊勢の桑名（三重県桑名市）に十万石を与えられます。それまでの領地だった上総《かずさ》の大多喜《おおたき》（千葉県大多喜町）に加えての加増ということだったのですが、父の忠勝はこれを拒否して、桑名の領地だけを受け取ろうとしました。そのため家康は、旧領地の大多喜は新たに忠朝さんに与えたといわれています。こうして、十九歳の忠朝さんは大多喜五万石を賜《たまわ》り、大名デビューを果たしました。

居城とした大多喜城は、父の忠勝と忠朝さんの時期に近世城郭として整備され、三層四階の天守がそびえていたといいます。城下町の建設も行われ、現在の大多喜町に繋《つな》がる基礎が築き上げられました。

忠朝さんが殿様を務めた大多喜町では「本多忠勝・忠朝」父子をＮＨＫ大河ドラマにしようと誘致実行委員会が作られ、署名活動などを行っています。また、城跡の駐車場にある飲食店では、二人が兜にあしらった鹿の角に関連して、鹿のからあげや鹿南蛮そばなどを食べることができます（美味《おい》しかった！）。

◆日本とメキシコの交流は忠朝さんが始まり!?

天下分け目の「関ヶ原の戦い」で武功を挙げて、大名となった忠朝さんは、まさに順風満帆！　優秀な父を持つプレッシャーに負けずに、大多喜藩主を勤め上げていきました。中でも一六〇九年（慶長十四）のスペイン船の難破事件の時の忠朝さんには、〝神対応〟がありました。

スペインのフィリピン総督だったドン・ロドリゴは、サン・フランシスコ号でマニラから太平洋を渡ってアカプルコ（メキシコの都市）に向かう最中に台風に遭遇して難破、大多喜藩の領内の岩和田村（千葉県御宿《おんじゅく》町）に漂着しました。乗組員五十人余りが亡くなってしまいましたが、地元民による懸命な救出が行われ、三百人以上の命が助かりました。しかし、当時は海外諸国に対する対応が厳しくなろうとしていた時勢でした。つまり、藩主の忠朝さんの対応次第でスペイン人の乗組員たちの命運は変わってくるのです。

スペイン船の漂着を受けて忠朝さんは、三百人余りの家臣を率いてロドリゴのもとを訪れます。そして、ロドリゴたちを保護して、できる限りのおもてなしをしたのです！　さらに、江戸幕府に報告して、しっかり対応してもらうことを約束しました。

その後、ロドリゴ一行は大多喜城を訪れて歓待を受け、江戸城に立ち寄りました。さらに、駿《すん》府《ぷ》城に向かい家康と面会して、家康から与えられたガレオン船で再度出航して、無事にアカプルコに到着したのです。この日本滞在中のロドリゴの記録は『ドン・ロドリゴ日本見聞録』として現在に伝わっています。

そして、この忠朝さんの神対応により日本とメキシコの交流が始まり、事件から三百六十九年後の一九七八年（昭和五十三）には、なんとその御礼としてメキシコ大統領が大多喜町を訪問しています。その時に整備された記念の遊歩道は「メキシコ通り遊歩道」と名付けられました。また、船が漂着した御宿町とアカプルコは現在、姉妹都市となっています。

この事件に前後して、父の忠勝が一六一〇年（慶長十五）に六十三歳で没しています。『徳川実紀』によると、忠勝は死に臨んで自分の遺産の一万五千両を長男の忠政ではなく、忠朝さんに授けるという遺言をしたといいます。これは忠朝さんの領地の大多喜がまだ貧しく、領地経営に困窮《こんきゅう》していたためでした。しかし、この遺言を忠朝さんは拒否して、兄の忠政に譲ると言い出しました。その理由は「兄の方が領地は広く、家臣が多いため費用がかかる」ということでした。これを聞いた兄の忠政は「それでは父の遺命に背《そむ》く」と言ってお互いに譲らなくなってしまいます。一族と家臣たちが話し合い、兄弟で折半《せっぱん》をするということで折り合いをつけて問題は解決しました。忠朝さんはこの決定を受けて「いざという時に使う」と言って、自分の分のお金を兄の忠政に預けたままにして、結局死ぬまでそのお金を使わなかったといいます。

なんと良くできた弟でしょう！　私にも二歳上の兄がいますが、いただけるものは病気以外はいただくスタンスでいます（笑）。

さて、大多喜町の基礎を作り上げ、日本とメキシコの交流の礎《いしずえ》を築き、父の忠勝に負けずとも劣らない勇将であり人格者でもあった忠朝さんですが、ちょっとした油断と武将としてのプライドが原因で生涯を終えることになってしまうのです。

◆不覚！「大坂冬の陣」でぐでんぐでん？

時は一六一四年（慶長十九）。徳川家と豊臣家の対立は決定的となり、ついに「大坂冬の陣」が勃発《ぼっぱつ》します。

大多喜城を出陣した忠朝さんは、徳川軍の一員として大坂城を取り囲みました。

この時、大坂城の東側にある白山《はくさん》神社に陣を張ったという伝承が残っています。現在も境内《けいだい》に残る高さ二十三mの大阪府指定天然記念物の「白山神社のいちょう」は、忠朝さんが大坂城の動向を探るために、木の上に登って物見をしたと伝わっています。

武功を挙げる機会をうかがっていた忠朝さんは、ここで思わぬ行動に出ます。

忠朝さんの陣地は、大坂城から猫間川《ねこまがわ》と沼地と平野川を挟んだ地にあったため、大坂城には攻め寄せづらく、武功を挙げるチャンスがない場所でした。そこで忠朝さんは、なんと家康に陣地を替えてもらうように直訴したのです。

陣地替えを打診された家康の反応はどっちだと思いますか。

「それでこそ平八郎のできの良い息子だ！」or「親の平八郎に似ぬできの悪い男だ！」

現代でも上司の反応が予想できない時ってありますよね。マニュアル通りの発言をしたら「もっと自分で考えて発言しろ！」と怒られたり、開き直って思い切った発言をしてみたら「良いじゃないか！」と好意的な反応を受けたり……よくわかりませんよね。

さて、先ほどの家康のリアクションクイズですが、どちらも有り得る反応ではあるのですが、この時の家康の反応は後者でした。「父の平八郎は、山だろうと川だろうと厭《いと》わずに戦ったぞ！」と家康の不興を買ってしまったのです。

また、これとは別の理由もあったといいます。

忠朝さんは冬の陣の際に敵の猛攻を受けて敗走したというのですが、その原因がなんと二日酔いだったといわれているのです。お酒好きだったという忠朝さんは、油断をしたのか、陣地で飲み過ぎてしまったのです。

さて、忠朝さんはこの失敗を受けて「次の戦で討ち死にをして汚名を返上する！」と覚悟を決めたといいます。

冬の陣は和睦となったので名誉を挽回する機会は失われてしまったのですが、翌年の一六一五年（慶長二十）に起きた「大坂夏の陣」でそのチャンスが訪れるのです。

◆酒の失敗を死をもってあがない、今では禁酒の神様！

冬の陣の和睦条件で堀が埋められ裸城となった大坂城に攻め寄せようとする徳川軍は、野戦を仕掛ける豊臣軍に対し、「道明寺《どうみょうじ》・誉田《こんだ》の戦い」で後藤又兵衛《ごとうまたべえ》や薄田兼相《すすきだかねすけ》らを討ち取り、「八尾《やお》・若江の戦い」で木村重成らを討ち取るなど、諸戦を有利に進めていきました。

そして、五月七日の「天王寺・岡山の戦い」で決戦を迎えたのです。

この時、家康から天王寺口の先鋒と大将を任されたのが忠朝さんでした！

『本多家記録』によると、この決戦の前夜、忠朝さんは徳川軍の細川忠興《ほそかわただおき》の陣地に赴き、昨年に生まれたばかりの入道丸（後の本多政勝《まさかつ》）の後見を託したといわれています。それほど、この戦に覚悟を決めていたようです。

さて、このように冬の陣の汚名を返上するために討ち死にすることを周囲にも語っていた忠朝さんは、軍勢を率いて戦場の最前線に飛び出していきます。豊臣家随一の猛将として知られる毛《もう》利勝永《りかつなが》の軍勢に接近したところで、毛利軍が忠朝さんの軍勢に鉄砲を撃ち掛けてきたことで激しい戦闘が始まりました。

『増補難波記』などには、この時の忠朝さんの戦いが記されています。

まず、激しく攻めかかってきた毛利軍によって、松平忠直《まつだいらただなお》や真田信吉《のぶよし》（信之の嫡男《ちゃくなん》、信繁の甥《おい》）などの徳川軍は敗走をし始めてしまいます。これを見た忠朝さんは「百里」と名付けた名馬に乗って、鉄棒を振り回しながら、怯《ひる》まずに毛利軍に突撃していきました。

「本多出雲守《いずものかみ》忠朝、これにあり！　返せや！　戻せや！」

忠朝さんがそう叫ぶと、毛利軍の中から七、八人の武将が襲い掛かってきました。はじめに二人の武将を鉄棒で打ち殺すと、さらに左右に回った残りの武将たちも同様に打ち殺しました。さらに、敵から奪った槍を鉄棒とともに振り回して、阿修羅王《あしゅらおう》が荒ぶるように、毛利軍を蹴散らしていきました。

そこへ毛利軍の武者が放った一発の銃弾が忠朝さんのヘソの上に命中し、流血してしまいます。しかし、忠朝さんは少しも怯まずに、馬から飛び降りて刀を抜き、狙撃した武者を斬り伏せると、再び馬に乗って鉄棒と刀を左右に振り回して、散乱する毛利軍を激しく追撃しました。

ところが、槍や刀の傷を二十カ所以上受け、さらに銃弾を受けていた忠朝さんの身体は次第に自由を失っていきました。そして、ついに落馬をしてしまいます。これを見た毛利軍は取って返して忠朝さんに襲い掛かり、首を取られてしまったといいます。享年は三十四でした。

忠朝さんの死を知った家康は涙を流して悲しんだそうです。まさか忠朝さんが自分の発言によってそこまでの覚悟をしているとは思わず、惜しい者を亡くしたと悔やんだのかもしれません。

また一説によると、忠朝さんは冬の陣の深酒による失敗を大いに悔いていたため、死の間際に「死後は酒のために身を誤るものを助けん！」と言い残したといわれています。

忠朝さんのお墓は、夏の陣の翌年の一六一六年（元和二）に、戦場の跡地に建つ一心寺《いっしんじ》（大阪市天王寺区）に建立《こんりゅう》されました。忠朝さんが願った通り、死後には「酒封じの神」として崇められ、今も禁酒を祈願する方々が禁酒の誓願を書いた杓文字《しゃもじ》が墓石の周囲に奉納されています。

〝酒で失敗して、それを挽回するために討ち死に――〟

これだけ聞くと、まさにポンコツ武将なのですが、改めて経歴や逸話を追ってみるとマジメすぎる人物だったのではないかと思います。偉大な父を持った忠朝さんは、つねに戦場で求められた結果を出していき、スペイン船の難破事件や父の遺産相続の件では非常に紳士的な対応を取るなど、優等生そのものでした。

しかし、冬の陣での失敗がマジメすぎる忠朝さんを追い詰めてしまい、夏の陣で死に場所を求めることになってしまったように思えます。また、最期に「死んでからも人の役に立ちたい！」と言い残すなど、なんと良い人なのでしょう。

酒の失敗談が先に出がちな武将ですが、体育会系の部活動のキャプテンのような責任感の強いアツい男だったのかもしれません。

徳川綱吉

極度のマザコン!?　犬も女性も大好き。不倫がバレて妻に刺殺される？

PONKOTSU POINT

武勇	★
動物愛護	★★★★★★★
マザコン度	★★★
ゲス不倫度	★★★★

◆スタートは良かった第五代徳川将軍

江戸幕府の第五代将軍の徳川綱吉《とくがわつなよし》。三代将軍の徳川家光《いえみつ》を父に持つ綱吉さんは、一六八〇年（延宝八）に兄で四代将軍の徳川家綱《いえつな》が亡くなったため、三十五歳で急遽《きゅうきょ》、将軍に就任することになりました。

この頃の日本は「大坂の陣」から六十五年しかたっていないこともあり、戦国時代の殺伐《さつばつ》とした気風が残っていて、街の治安もあまり良いものではなかったといいます。それまでの江戸幕府は、武力を背景にした「武断政治」を行っていましたが、戦国の雰囲気を消していこうということで、学問や礼儀などによって社会秩序を創り上げて統治しようとする「文治《ぶんち》政治」を目指し始めていました。

その一環として江戸幕府は「戦国武将っぽい大きなヒゲが良くないんだ！」ということで、一六七〇年（寛文十）には「大髭《おおひげ》禁止令」を出しています。

そういった歴史背景の中で、文治政治による平和をもたらすための使者として歴史上に登場したのが、綱吉さんでした。

父の徳川家光から儒学《じゅがく》を徹底的に学んだ綱吉さんは、成年してからも学者から儒学を学ぶだけでなく、自身が講師となって家臣たちに講義をしたこともあるほどの学問好きな将軍でした。さらに、学問の中心地として「湯島聖堂」を建立《こんりゅう》していますが、後に湯島聖堂には幕府公立の「昌《しょう》平坂《へいざか》学問所」が造られ、現在の東京大学やお茶の水女子大学の源流となっています。今に繋がる日本の学問の基礎を残してくれた綱吉さんの政治は、実は「天和《てんな》の治」と称されて讃《たた》えられているのです。

◆マザコンゆえに発布された（？）天下の悪法「生類憐みの令」

しかし！　称賛されているのは、綱吉さんの政治の前半期だけ……。

一六八四年（貞享元）に大老の堀田正俊《ほったまさとし》が暗殺された後は、大老は置かずに老中を遠ざけて、自身の側近である側用人《そばようにん》を重用していきました。そして、その翌年に〝天下の悪法〟といわれる「生類憐《しょうるいあわれ》みの令」が発令されたのです。

出された背景には、一説によると、綱吉さんのお母さんの「桂昌院《けいしょういん》」の強い影響があったといいます。儒学の中には、親を大切にする「孝」という教えがあり、綱吉さんはそれをきちんと実践していたために、いわゆる〝マザコン〟になっていたといわれています。

『三王外記《さんのうがいき》』によると、「綱吉さんに跡継ぎがいない」という悩みがあった桂昌院が、自身のお気に入りの隆光《りゅうこう》という僧侶にそのことを相談したところ、隆光は次のように提言したといいます。
「前世で悪行を重ねたために跡継ぎが生まれないのです。殺生《せっしょう》を慎み、戌年《いぬどし》生まれなのですから、特に犬を大切にしたほうが良いです」
これを聞いた綱吉さんは、この意見を採用して生類憐みの令を出したといわれています。

この法律は一度に出されたものではなく、一六八五年（貞享二）から一七〇〇年（元禄十三）にかけて何度も追加で出されています。犬をはじめとして、猫や鳥、魚介類、虫類などの殺生を禁止したもので、人よりも生き物を重視する極端な法律であり、今では考えられない処罰をされる者も多くいました。

吹き矢でツバメを撃った武士が切腹となったり、ほっぺたに止まった蚊を叩いた小姓《こしょう》が切腹となったり、極めつけは綱吉さんにフンを落としたカラスが伊豆大島に島流しになったり（自分が制定した法律の性格上、死罪にはできなかったため・苦笑）、極端な裁定が下されています。

さらに、一六九五年（元禄八）に綱吉さんは、中野に野良犬を収容するための「御囲《おかこ》い」と呼ばれる犬屋敷を建造しました。その広さ、なんと東京ドーム約二十個分（約三十万坪）！　デカすぎです。

その広大な犬小屋の中に飼っていた犬の数は、一説によると、驚きの十万匹！（八万匹とも）

さらに、年間の経費は九万八千両といわれていて、現在の価値にすると約百二十二億円だったといいます。

また、犬屋敷を管理するために、幕府から奉行《ぶぎょう》が派遣されたそうなのですが、その奉行名は「犬小屋奉行」だったそうです。

そんなところに年貢が使われていると思うと、自分が百姓だったら「わんわん」と泣きたくなりますし、年貢の取り立てに来られても「いぬ」と答えたくなりますね（笑）。

現在は、この御囲いの名残《なご》りはほとんどありませんが、当時の面影を伝えるために、中野区役所前に数匹のカワイイ犬の銅像が史跡の案内板とともに建てられています。

◆嫉妬した妻に暗殺されたと噂が出るほどの女好き

さて、儒学を修め、母を大切にするあまり、悪法といわれる法律を出し続けてしまった綱吉さんは、一七〇九年（宝永六）に六十三歳で亡くなりました。その死因は麻疹《はしか》といわれているのですが、実は正室の鷹司信子《たかつかさのぶこ》に暗殺されたという、今風にいえば〝都市伝説〟めいた逸話も残されています。

公家出身の鷹司信子は、綱吉さんが愛する桂昌院と仲が良くなく、嫁姑《よめしゅうとめ》問題で揉《も》めていたといいます。どの時代も一緒ですね。

綱吉さんは妻をフォローしなくてはいけないのですが、妻よりも別の女性に夢中になってしまい、それどころではありませんでした。その女性の名は飯塚染子《いいづかそめこ》。『翁草《おきなぐさ》』によると、綱吉さんが愛妾《あいしょう》としたこの女性は、実は綱吉さんの側用人の柳沢吉保《やなぎさわよしやす》の側室だったといいます。つまり、家臣の妻に手を出してしまったのです。

さらに、飯塚染子に男子（後の柳沢吉里《よしさと》）が誕生してしまったことが、事態をさらに悪化させてしまいます。綱吉さんはなんと、その男子を自分の子だと信じて、将軍の後継者に指名しようとしたのです。

跡継ぎがいない場合、御三家《ごさんけ》から養子を迎えるのがルールですので周囲は当然大反対をします。鷹司信子も反対して、綱吉さんを説得しようとしますが、まったく耳を傾けようとしませんでした。嫁姑問題に悩まされ、自分よりも別の女性を愛した綱吉さんへの愛憎もあったのでしょう、鷹司信子はついに、江戸城の大奥にあった「宇治の間」で綱吉さんを刺殺してしまいました。そして、その直後に鷹司信子も自刃して果てたといいます。

この宇治の間は、この一件以降は〝開かずの間〟として残され続け、大奥が焼失する度に、なぜか同じ場所に同じように造られ続け、宇治の間の由来である宇治の茶摘《ちゃつ》み風景の襖絵《ふすまえ》も描かれ続けたといいます。

綱吉さんの死から百五十年ほど後、十二代将軍の徳川家慶《いえよし》がたまたま宇治の間を通りかかると、そこには見たことがない黒紋付《くろもんつき》の老女が座って挨拶をしてきたといいます。徳川家慶は「あれは誰か」と聞いたものの、老女は家臣たちには見えなかったそうです。そして、徳川家慶は間もなくして急死してしまったそうです。その老女は、綱吉さんを刺殺する時に鷹司信子を手伝った女性だといわれ、その姿を見た者に取り憑《つ》いて呪い殺すと噂《うわさ》されたそうです。

実際は、先にも書いた通り、麻疹で急死してしまったそうなのですが、快方に向かっていた最中のことだったことと、綱吉さんの死から約一カ月後に鷹司信子が急死したことから、このような噂が立ったと考えられています。

綱吉さんは極端な動物愛護法令を制定した他、『忠臣蔵』のモデルとなった庶民のヒーローの赤穂《あこう》藩の浅野《あさの》内匠頭《たくみのかみ》と浪士たちに切腹を命じた張本人であること、『水戸黄門《みとこうもん》』の主人公となった徳川光圀《みつくに》のヒール役に置かれがちなこと、また運が悪いことに綱吉さんが将軍の時代に宝永の富士山噴火や地震などの天災が起きた（天災が起きるのは統治者の器量がないからと考えられていた）ことなどから、当時から現代にかけて、民衆からの評判はあまり良くない将軍です。

しかし、動物だけでなく老人や弱者の救済も含まれていた「生類憐みの令」によって、日本の治安は急激に向上し、松尾《まつお》芭蕉《ばしょう》や近松門左衛門《ちかまつもんざえもん》などの文化人を多く生み出すなど、豊かな国づくりを実践していきました。その国のあり方は現代の日本人のベースとなっている部分があるといわれています。

そして、綱吉さんが実施した動物愛護政策は、世界に先駆けた試みとして、現在は再評価され始めています。

徳川家康

◆桶狭間、本能寺、大坂の陣——ピンチの度に切腹しようと……

江戸幕府の初代将軍となり、日本に泰平をもたらした徳川家康《とくがわいえやす》。実は家康さんは、武士としての潔《いさぎよ》さが有り余るばかりに、合戦でピンチが訪れると、すぐに切腹をしようとしてしまう一面を持った人物でした。

たとえば、一五六〇年（永禄三）の「桶狭間《おけはざま》の戦い」。十九歳の家康さんは、まだ今川《いまがわ》家の家臣の一人であり「松平元康《まつだいらもとやす》」と名乗り、大高《おおだか》城に入っていました。

合戦の結果は、ご存知の通り、今川義元《よしもと》が織田《おだ》信長《のぶなが》に討ち取られたことで今川家の敗北となり、家康さんは戦場を離脱して、追撃を振り切って松平家の菩提寺《ぼだいじ》である大樹寺《だいじゅじ》（愛知県岡崎市）に逃げ込みました。

家康さんは松平家から今川家へ出された人質という立場であり、松平家の当主として岡崎の地に入るのはこれが初めてでした。そして運が良いことに、従属先だった今川家の当主の今川義元が討ち死にしたことで、松平家は念願の独立のチャンスを得たわけです。

そこで家康さんが取ろうとした行動が……なんと、「切腹」でした。理由は「将来を悲観したため」。

もちろんここで切腹して果てたということはなく、大樹寺の住職（登誉《とうよ》天室《てんしつ》）が「厭離穢《おんりえ》土《ど》欣求《ごんぐ》浄土《じょうど》（汚れた世の中を清浄な世の中に変えなければならない）」という浄土《じょうど》宗の教えを説いたため、家康さんは切腹を思い留まったそうです。これ以降、この教えは家康さんの旗印として使用され続けました。

続いては一五八二年（天正十）の「本能寺の変」。家康さんの同盟相手（関係性は主従関係に近かった）の織田信長が、明智《あけち》光秀《みつひで》の謀反《むほん》に遭って討ち死にをしてしまいました。

この報せを堺《さかい》（大阪府）で受けた家康さんは、近辺に三十四人の家臣しかいなかったため、明智光秀と戦うことはできず、信長の同盟相手であることから命を狙われることは必至でした。そのような悪条件だったため、家康さんはパニックに陥ってしまい、取ろうとした行動は、やはり「切腹」。家康さんが信仰していた浄土宗の総本山の「知恩院《ちおんいん》」に駆けこんで切腹をしたいと家臣たちに言い出したそうです。

当然、ここでも切腹したわけではなく、側近の本多忠勝（徳川四天王）ら家臣たちに説得をされて帰国を決意します。京都は明智軍がはびこっているため通過できないので、仕方なく山道を越えて三河（愛知県東部）を目指すことになりました。いわゆる「伊賀越え」です。伊賀（三重県西部）にルーツを持つ服部半蔵《はっとりはんぞう》（二代目）の先導もあり、伊賀から伊勢（三重県東部）に抜けて、三河の岡崎城まで辿《たど》り着いたのです。

最後は一六一五年（慶長二十）の「大坂夏の陣」。豊臣家の大坂城を攻めた家康さんですが、大坂城落城の日となる五月七日に豊臣軍の真田《さなだ》信繁《のぶしげ》（幸村《ゆきむら》）の猛攻に遭いました。真田信繁は三度にわたって家康さんの本陣を強襲したため、家康さんの本陣は大混乱に陥り、本陣を捨てて逃げ出すことになりました。一五七二年（元亀三）の「三方《みかた》ヶ原《はら》の戦い」以来、倒されたことがなかった家康さんの旗印も真田軍によって踏みにじられ、旗本の中には家康さんを置いて三里（約十二km）も逃げた者がいたほどだったといいます。

そして、敗走中に家康さんが取ろうとした行動は、もちろん「切腹」でした。何度も何度も「切腹をする」と口走りますが、側近の勢誉《せいよ》という僧侶の「お待ちあれ」という制止があったため、なんとか踏み留まったといいます。

◆「潔さ」か？「現実逃避」か？ 意外に親しみやすい（？）家康さん

家康さんの本陣が襲われた「三方ヶ原の戦い」は、甲斐《かい》（山梨県）と信濃（長野県）を領していた武田信玄《たけだしんげん》との戦いのことです。家康さんはこれに大惨敗を喫し、有名な逸話ですが、敗走中に恐怖のあまり脱糞をしたといわれています。この脱糞の前か後かはわかりませんが、武田軍の追撃をかわすために、家康さんは浜松八幡宮に逃げ込み、クスノキの洞《ほら》に身を隠したといいます。すると突然、クスノキから雲が立ち上がって、神霊が白馬に跨《また》がって浜松城へ飛び立つという瑞兆《ずいちょう》を見て奮い立ったそうです。これ以降、クスノキは「雲立の楠」と称され、浜松八幡宮は徳川家の祈願所となったといいます。この時は「切腹をしようとした」という逸話は残されていないのですが、家康さんの傾向を見ると「切腹しようとしたら瑞兆が見えたから止《や》めた」のではないかと思わずにはいられません（笑）。

樹齢千年以上といわれるこのクスノキは、現在も浜松八幡宮に残っていて静岡県の天然記念物に指定されています。

さて、家康さんは追い込まれると切腹しようとする癖がありましたが、これは武士の潔さともいえますし、一種の現実逃避ともいえるのではないかと思います(笑)。

現代を生きる我々にも「あぁ、もうダメだ」と思って投げ出したい(自殺とかではなく)時がありますよね。天下泰平をもたらした大偉人の家康さんにもそういった一面があったと思うと、私はなんだかホッとしてくる部分があります。そういった時は家康さんみたいに周囲の声を聞いて、もうひと踏ん張りすれば良いのかもしれませんね。

第五章

自分の命だけは絶対守る！

——【臆病・狡猾編】

荒木村重

織田に攻められ、妻子を置いて逃走……生き延びて秀吉の御伽衆として再登場！

PONKOTSU POINT

武勇	★★★★
茶道	★★★★★
脱出力	★★★★★
世間体	★

◆足利義昭を裏切って信長側に寝返る

二〇一四年（平成二十六）の大河ドラマ『軍師官兵衛《ぐんしかんべえ》』で田中哲司《たなかてつし》さんが演じて話題となった荒木村重《あらきむらしげ》。知名度は上がったものの、村重さんの歴史を調べた方たちによって、どうやら「クズ」としての評判が広まってしまったようです。果たして、村重さんはどんな生涯を送ったのか、どうしてクズと評されてしまったのでしょうか。

村重さんは摂津《せっつ》の池田《いけだ》（大阪府池田市）の池田城主の池田勝正《かつまさ》の家臣の家に生まれました。なんだか「池田」がたくさん出てきましたね（笑）。これだけ「池田」に囲まれた地で生まれ育った村重さんは、下剋上《げこくじょう》をして池田家を乗っ取ろうと画策します。

村重さんは、池田家の一族の池田長正《ながまさ》の娘を娶《めと》って池田家の一族衆となると、池田家の内紛に乗じて池田勝正を城から追放して、池田知正《ともまさ》（長正の嫡男《ちゃくなん》）を城主に就けました。これまた「池田」だらけでややこしいのですが、つまりは、村重さんが擁立《ようりつ》した池田知正が池田家のトップとなり、村重さんが実権を握ったのです。

しかし、この下剋上はあの戦国の覇者を敵に回すことになりました。その人物というのが織田《おだ》信長《のぶなが》です。信長は摂津の守護（一国の警察権、行政権、裁判権などを与えられた役職）として三人を指名していました。それが和田惟政《わだこれまさ》、伊丹親興《いたみちかおき》、そして、池田勝正でした。

先ほど述べたように勝正は、村重さんによって城から追放されています。これだけでも信長が激怒しそうな事案ですが、その翌年には「白井河原《しらいかわら》の戦い」で和田惟政を討ち取っています。これでもう村重さんは絶対に滅ぼされてしまいそうですが、ここで事態は一変します。

一五七三年（元亀四）、織田信長は自身が擁立《ようりつ》した将軍の足利義昭《あしかがよしあき》と対立して、合戦（槙島《まきしま》の戦い）となったのです。ここで村重さんの主君の池田知正は、足利義昭に味方することを決めました。

村重さんも主君に従って足利軍で戦うと思いきや、なんとここで主君を見限り、今まで敵対していたはずの信長に味方することを選ぶのです！　かなりしたたかですね。

信長の上洛《じょうらく》する時に途中で待ち受けて臣従を誓ったといいます。この時、信長が刀の先に饅頭《まんじゅう》を二つ三つ突き刺して差し出すと、村重さんは恐れることなく大きな口を開けてそれを食べたと『陰徳太平記《いんとくたいへいき》』にあります。これを見た信長は「日本一の器」と賞賛して、自身の脇差を授けたといいます。この逸話は『絵本太閤記《えほんたいこうき》』などにも描かれ、江戸時代に好評を博したそうです。

さて、信長の後ろ盾を得た村重さんは、主君だった池田知正を摂津から追放して池田家を完全に乗っ取り、戦国大名として荒木家を確立させました。二人の主君を追放して、主家を乗っ取るなどまさに絵に描いたような下剋上！　「美濃の蝮《まむし》」と称された斎藤道三《さいとうどうさん》が、美濃守護の土岐頼芸《ときよりおき》を追放して国を乗っ取ったことを彷彿《ほうふつ》とさせる、実に鮮やかなやり口です。

一五七四年（天正二）には村重さんが伊丹城《いたみ》（伊丹家の居城）を攻め落としたことをきっかけに、村重さんは信長から摂津守護に任命され、三十七万石を領する大大名となりました。そして、村重さんは伊丹城の城名を「有岡城《ありおか》」と改めて居城としました。

この時、かつての主君だった池田知正を家臣として迎え入れています。主君と家臣が完全に入れ替わり、ここに村重さんの下剋上は完全に成し遂げられました。

◆今度は信長に弓を！——続く裏切り人生

摂津守護となった村重さんは、織田家の主力として石山本願寺《いしやまほんがんじ》との戦い（石山合戦）などに参戦して武功を挙げています。一五七八年（天正六）には、中国地方を攻略するための織田軍の司令官の羽柴秀吉《はしばひでよし》に従って戦うはずでした。しかし、ここにきて村重さんは思いもよらぬ行動を取ります。

なんと、織田家に反旗を翻《ひるがえ》したのです！『信長公記《しんちょうこうき》』によると、報せを受けた信長は「何篇の不足候や（何が不満なのだ！）」と言い放ち、はじめは村重さんの謀反《むほん》を信じなかったそうです。信長は冷酷な一面ばかり取り沙汰されますが、身内や家臣には甘い一面も持っており、この八年前に義弟の浅井長政《あざいながまさ》が裏切った際にも、はじめは「偽報である」として信じなかったといいます。

村重さんの場合は、信長が任命した摂津三守護（和田惟政、伊丹親興、池田勝正）を殺害・追放しました。しかも池田勝正は、実は信長の命の恩人ともいえる人物です。一五七〇年（元亀元）に浅井長政の裏切りによって朝倉家との挟み撃ちに遭った信長は命からがら京都を目指しました。

これを「金《かね》ヶ崎《さき》の退《の》き口《くち》」というのですが、この時に討ち死にする可能性が高い殿《しんがり》（撤退軍の最後尾）を務めたのが、羽柴秀吉と明智光秀、そして池田勝正でした。その勝正を追放して池田家を乗っ取った村重さんを許して、織田家の家臣にしてあげたのに、まさかの謀反……。信長にとっては青天《せいてん》の霹靂《へきれき》だったことでしょう。

「有岡城の戦い」と呼ばれる村重さんのこの謀反、実のところ理由ははっきりわかっていません。

当時の信長は、石山本願寺と毛利《もうり》家が当面の敵でした。石山本願寺は後に大坂城が築かれる水運の要衝《ようしょう》に建ち、全国に宗徒を持つ一大勢力です。その石山本願寺と同盟を組んでいたのが中国地方の大半を手中に収めていた毛利家でした。一説によると、両者は村重さんに調略を仕掛け、信長に敵対する方が得策であると説いたといいます。そして、この調略に乗った村重さんは、突如反旗を翻したといわれています。

これに対して信長は、まず村重さんを説得するための使者を何度か送り、その中には明智光秀の姿もありました。村重さんの息子（村次《むらつぐ》）は、光秀の娘（倫子《りんこ》）を正室に迎えていました。光秀らは信長に敵対することがいかに無謀であるかを説きましたが、村重さんは説得にはまったく応じませんでした。むしろ、光秀の娘は離縁をされて明智家に戻されています。また、黒田官兵衛《くろだかんべえ》も説得に向かいましたが、村重さんに捕えられ有岡城内に幽閉されてしまっています。

村重さんの説得が無理とわかった信長は、荒木軍の切り崩しに掛かりました。村重さんの配下には、キリシタン大名で有名な高山右近《たかやまうこん》とその父の高山友照《ともてる》や、村重さんの第一の家臣だった中川清秀《なかがわきよひで》などがいました。高山父子は宣教師のオルガンティノの説得によって信長に帰順し、それに続いて中川清秀も信長に降《くだ》りました。

村重さんが期待するのは同盟を組んだ毛利家の援軍ですが、援軍は訪れることはなく、有岡城に籠城《ろうじょう》する村重さんは孤立を深めていきました。押し寄せる織田軍を何度か撃退し、信長の小姓だった万見仙千代を討ち取るなど、村重さんは抵抗を続けますが、兵糧《ひょうろう》は底を突き始めて援軍も訪れず、信長自ら大軍を率いて攻撃を始めたことから、有岡城の落城は寸前に迫っていました。

この事態に瀕《ひん》して、村重さんはある行動を取ります。

一五七九年（天正七）九月二日の深夜に、なんと五、六人の重臣を連れて有岡城から逃亡したのです！　しかも、家臣たちはもちろん、ともに籠城する百姓や、妻や娘たちもそのまま城に残したまま、自分だけ脱出したのです。その時、村重さんは「兵庫壺」と呼ばれる大事な茶壺を家臣に背負わせ、側室の阿古《あこ》を連れて逃げたといいます。

実は村重さんは、千利休《せんのりきゅう》の高弟である「利休七哲」の一人に数えられる茶人でもありました。村重さんは、このまま城が落ちたら、兵庫壺が壊れたり失われたりするかもしれないと思ったのでしょう、妻子や家臣は残したものの、茶壺と愛人は抱えて逃げたというわけです。この辺りが「クズ」と評されてしまう要因かもしれません。

◆妻子を見殺しにしてでも、僕は絶対死にません！

さて、村重さんの逃走先は尼崎《あまがさき》城、息子の村次が籠城していたお城でした。

城主を失った有岡城の士気は下がり、村重さんの脱出から約一カ月後に総攻撃を受けて落城寸前となります。そこで信長は、ある条件を提示します。

「尼崎城（村重さん父子が籠《こも》る）と花隈《はなくま》城（有岡城の支城）を明け渡せば、有岡城に残る妻子らの命は助ける」

これを聞いた有岡城の城代（代理の城主）の荒木久左衛門《きゅうざえもん》（実は村重さんのかつての主君の池田知正！）は、尼崎城に赴いて村重さんを説得しました。

しかし、村重さんは、なんとこれを拒否！

妻子たちが殺されることを黙認したのです。そして、久左衛門もいただけません。城に戻っても自分は殺されるだけだと思い、尼崎城を出た久左衛門は妻子を有岡城に残して姿を消してしまったのです。妻子や兄弟を捨てて、我が身ひとつを助かろうとした村重さんに激怒した信長は、村重さんの妻子と女房衆の処刑を命じました。

そして、十二月十三日に有岡城の女房衆百二十二人が、村重さんが籠る尼崎城の近くの七松において鉄砲や刀で処刑されました。それが終わると、男性百二十四名、女性三百八十八名が農家数軒に押し込められ、生きたまま火をつけられて処刑されています。

さらに、それから三日後には京都に運ばれた村重さんの一族と重臣の家族の三十六人が京都市中を引き廻しされた後に六条河原で斬首されました。この様子は『立入左京亮宗継入道 隆佐記《たてりさきょうのすけむねつぐにゅうどうりゅうさき》』にこう記されています。

「かやうのおそろしきご成敗は、仏の御代より、此方のはじめ也」

その後、村重さんは尼崎城からも逃亡して花隈城に移り、そこで籠城を続けますが、織田軍の猛攻に耐えかね、ついにすべての城を落とされてしまいました。ここで村重さんは潔く切腹して果て、妻子や一族たちの後を追いました、と言いたいところですが、村重さんはしぶといです！花隈城を追われた村重さんは、同盟相手だった毛利家の領地に逃れ、尾道《おのみち》（広島県尾道市）で生活を始めたといいます。

こうして、村重さんは尾道で隠棲《いんせい》して生涯を終えました、と言いたいところですが、まだ話は終わりません！　なんと、村重さんはもう一度、歴史の表舞台に登場します。

それは信長が一五八二年（天正十）の「本能寺の変」で亡くなった後の話です。信長の死を聞いた村重さんは尾道を出て、かつての領国だった摂津の堺に移り住み、出家をして「道薫《どうくん》」と名乗りました。そして、御伽衆《おとぎしゅう》（主君の話し相手となる側近）として、秀吉に仕え始めるのです。実にしぶとい！

また、はじめは自身の過去を恥じて「道糞《どうふん》」と名乗っており、秀吉がそれを許し「道薫」と改めさせたといわれていますが、どうやらこれは俗説のようです。

その後は、下剋上を成し遂げた武将としての野心はどこへやら、茶人として余生を過ごし、一五八六年（天正十四）に五十二歳で亡くなりました。村重さんが所有したといわれる大名物《おおめいぶつ》の「荒木高麗《あらきこうらい》」は、徳川美術館に現存しています。

さて、妻子や家臣たちを見捨てたポンコツ武将の代表ともいえる村重さんですが、有岡城を離れて尼崎城に向かったのには、単純に見殺しにしたわけではなく、きちんとした理由があったと考えられています。

まずは、瀬戸内海に面した尼崎城（有岡城は内陸にある）から安芸《あき》（広島県）を訪れ、毛利家と直接交渉をして援軍をお願いしようとしたという説があります。そして、もし援軍が来た場合、内陸の有岡城では援軍の効果を十二分に得られないため、尼崎城に移ろうと考えたとされます。

それとは別の説として、自分が尼崎城に移ることで、織田軍の標的を有岡城から尼崎城に移らせるためだったとも考えられています。

また、妻子の助命と開城を交換条件にされたものの拒否した理由には、信長が以前にそのような約束を反故《ほご》にして容赦なく処刑しているのを目《ま》の当たりにしていたためだといわれています。つまり、信長は歯向かった者は許さずに殺すと考えたのです。どうせ殺されるならば最後まで抵抗するしかない、そう考えた結果だったのかもしれません。

下剋上を成し遂げて摂津の国主となったものの、妻子や一族、女房衆の六百七十名を死に追い込んでしまったため、武将として評価されないのは仕方がない部分があるのかもしれません。また、生き延びた後に秀吉の御伽衆となって再び世に出てくるという点は、世間体《せけんてい》ばかり気にしている自分からしてみると絶対にない選択肢です。

批判や嘲笑《ちょうしょう》の的になることは間違いないと思うのですが、村重さんはそういったことは全然気にしない人物だったのでしょうか。村重さんは後半生を茶人として過ごした文化人のように見えますが、ひょっとすると、その根本は下剋上を成し遂げた前半生と変わらず、最後の最後まで権力にこだわった人なのではないのでしょうか。

織田有楽斎

武士としては卑怯だが、文化人として名を残す信長の弟

◆「本能寺の変」で見せた〝人でなし〟の行動とは？

織田有楽斎《おだうらくさい》は、織田信長《のぶなが》の弟にあたる人物です。信長が一五三四年（天文三）生まれなのに対して、有楽斎さんは一五四七年（天文十六）生まれなので、年齢は十三歳違うことになります。もともとの名は「織田長益《ながます》」であり通称は「源五郎《げんごろう》」といいましたが、一五九〇年（天正十八）頃に出家して「織田有楽斎」と名乗るようになりました。

茶人として有名な人物であり、千利休《せんのりきゅう》の高弟十人である「利休十哲」の一人に数えられています。後に自ら茶道の流派である「有楽流《うらくりゅう》」を創始し、現在まで継承されています。一六一八年（元和四）に有楽斎さんが京都の建仁寺《けんにんじ》に隠居所として築いた如庵《じょあん》は、愛知県犬山市に移築されて現存しており、国宝に指定されています。

文化人として名を残した有楽斎さんですが、実は武将としてはポンコツの評価を受けているのです。

一五八二年（天正十）六月二日未明、有楽斎さんは主君に従って、宿泊先の京都の妙覚寺《みょうかくじ》にい

ました。

有楽斎さんが仕えていたのは織田信忠《のぶただ》、織田信長の嫡男《ちゃくなん》にあたる人物で、一五七六年（天正四）に信長から家督を譲られて織田家の当主を務めていました。この時、信忠は父から命じられて、備中高松《びっちゅうたかまつ》城（岡山県岡山市）を攻める羽《は》柴秀吉《しばひでよし》の援軍に向かうため、宿として度々使用していた妙覚寺に家臣五百人ほどとともに泊まっていました。

そこへ急使が訪れます。なんと、明智《あけち》光秀《みつひで》が謀《む》反《ほん》を起こして、信長が宿泊していた本能寺を強襲したというのです。いわゆる「本能寺の変」です。

報せを受けた信忠は、父を救うべく軍備を整えて妙覚寺を出陣しようとしました。その中に有楽斎さんもいました。本能寺へ急ごうとする信忠でしたが、その途中で「本能寺は焼け落ちて、信長が自害して果てた」という報せが届きました。

そのため信忠は本能寺に行くことをあきらめて、明智軍を迎え討つために二条城に籠城《ろうじょう》することを決意しました。有楽斎さんもこれに付き従い、二条城に入城しました。

二条城にいた東宮誠仁《さねひと》親王と若宮和仁《かずひと》王（後の後陽成《ごようぜい》天皇）や女中たちを御所へ脱出させた後に、信忠は軍議を開きました。しかし、明智軍は二条城を取り囲み、戦況は悪化の一途を辿《たど》っていました。そのため有楽斎さんは、『義残後覚《ぎざんこうかく》』によると信忠に「腹を切るように」と強く勧めたといいます。有楽斎さんもともに腹を切る準備を進め、信忠は「雑兵の手にかかって死ぬのは不本意」ということで切腹の覚悟をしました。ただ、最後の最後に武士の意地を見せるため、攻め寄せる明智軍を何度も迎撃しました。しかし、信忠軍に死傷者が多く出始め、二条城には火が放たれ、陥落は目前に迫ってしまいました。そして、ついに信忠は切腹！　家臣たちの多くはその後を追い、二条城は落城してしまいました。

有楽斎さんも信忠の後を追って切腹して果てました、といいたいところですが、有楽斎さんはなんと、切腹して果てていく味方を置いて二条城を脱走、安土へ向かって、ひたすら走っていました。

『武家実紀』によれば、有楽斎さんは信忠さんの後に切腹する予定で、その準備をするところまでは行ったそうです。周りに柴を高く積み、その中で切腹をして、その後に家臣に火を放つように命じたといいます。しかし、そこまで準備した段階で有楽斎さんはふと「周辺に敵も味方もいない」ということに気付きました。

そこで有楽斎さんは独り言を言ったといいます。

「ここにて自殺せんは、犬死《いぬじに》同然なり」

誰も見てないところで、腹を切っては無駄死にだと思ったようです。そして「これは脱走のチャンス」と思ったのでしょう、二条城を脱出して、完全に包囲していたはずの明智軍の隙をくぐり抜けて、京都を脱出、安土を目指して駆け抜けていたのでした。

信長と信忠が死に、家臣たちが義死を遂げていく中、ひとり脱走した有楽斎さんの噂《うわさ》は、すぐに京都に広がりました。

そして、京都では次のような歌が流行ったといいます。

「織田の源五は人ではないよ、御腹召せ召せ、召させておいて、我は安土へ逃ぐるは源五、むつき二日に大水いでて、織田の原なる名を流す」

つまり「腹を切らせておいて、自分だけ安土へ逃げるなんて、織田源五郎は人ではないよ」という強烈な風刺です。有楽斎さんは完全に炎上したみたいです（笑）。現代だったら、連日連夜ワイドショーやネットで取り扱われて、ひたすら批判されることでしょう。

信忠に切腹を勧めておいて自分は切腹しなかったこと、切腹の準備をしたのに「犬死だ」として逃走したこと、この辺りが大きな炎上要素でした。有楽斎さんの武将としての名は、こうして失墜してしまいました。

◆「関ヶ原の戦い」の武功にもドタバタが

「本能寺の変」の後、織田信雄（信長の次男。第一章参照）に仕えた有楽斎さんは、織田信雄が秀吉によって改易《かいえき》されると、今度は秀吉の御伽衆《おとぎしゅう》として仕え始めました。

秀吉の死後は徳川家康に接近して、一六〇〇年（慶長五）の「関ヶ原の戦い」では東軍として参戦しました。

わずか四百五十人ほどの寡兵ながら、西軍に果敢に挑み、有楽斎さんの息子の織田長孝《ながたか》は敵将を討ち取るなどの武功を挙げました。小早川秀秋《こばやかわひであき》の寝返りなどもあって東軍の勝利が見えてきた頃、有楽斎さんの目に一人の武将が映りました。その武将の名は「蒲生真令《がもうさねのり》（頼郷《よりさと》とも）」。はじめは「横山喜内《よこやまきない》」と名乗って蒲生氏郷《うじさと》に仕えた後、石田三成《いしだみつなり》に仕官して名を蒲生真令と改めた知勇兼備の武将でした。有楽斎さんは蒲生真令とは旧知の仲だったといいます。

その蒲生真令は西軍が敗色濃厚となったため、武士の最後の意地を見せるため単騎で突撃してきたところでした。

それを見た馬上の有楽斎さんは蒲生真令に駆け寄りました。そして、一騎討ちを挑みました、ということはなく、『豪雄言雄禄』などによると、蒲生真令に次のように投げ掛けたといいます。

「我に降《くだ》れ」

蒲生真令は、武士の一分《いちぶん》をまったく理解できていない、この有楽斎さんの発言に大激怒！

「これは何の譫言《うわごと》を吐くや！」と叫んで有楽斎さんに斬り掛かりました。有楽斎さんはまったく油断していたため不意を突かれたものの、蒲生真令の一刀は有楽斎さんをかすめただけでした。しかし、その代わりに馬が斬られたため、有楽斎さんは落馬してしまいました。

有楽斎さんに止《とど》めを刺そうとした蒲生真令ですが、そこへ駆け付けたのが有楽斎さんの家臣の千賀《ちが》文蔵《ぶんぞう》・文吉《ぶんきち》兄弟でした。二人は有楽斎さんを助けようとして慌てて駆け付けたわけではなく、落馬の様子を見て、有楽斎さんが討ち取られたと思って仇討をしようとして駆け付けたそうです。有楽斎さんに武将としては期待していない感じがにじみ出ています（笑）。

千賀兄弟は蒲生真令を突き伏せた後、一説によると、首は有楽斎さんに取らせてあげたそうです。やっぱり有楽斎さんは、武将としては何か情けなさが漂ってしまいます。

◆「大坂の陣」では徳川のスパイとして活躍？

関ヶ原での武功により、大和《やまと》（奈良県）に三万二千石の領地を与えられた有楽斎さんは、豊臣家に仕えて姪《めい》にあたる淀殿《よどどの》（茶々）の補佐役として大坂城に勤めました。一六一四年（慶長十九）に「大坂冬の陣」が起きた際は、大坂城内の有力武将として、徳川家との交渉を担当しました。この時、有楽斎さんは交渉をしているように見せておいて、実は大坂城や豊臣家の情報を徳川家に流していたスパイだったといわれています（第一章の織田信雄とやっていることが似ている！）。

そして、翌年の「大坂夏の陣」が目前に迫ると、豊臣家に勝ち目がないと見たのか、「私の下知を誰も聞いてくれないから、大坂城にいても意味がない」というのを建前にして、急に大坂城を出奔して京都に隠棲してしまったといいます。有楽斎さんは結果的に、ここでもまた直前逃亡をしてしまったのです。

その後の有楽斎さんは、大好きなお茶三昧《ざんまい》の日々を過ごし、江戸や駿府《すんぷ》（家康の隠居地）などにも度々旅行をしたそうです。一説によると、江戸の数寄屋橋付近に有楽斎さんの屋敷があったことから、明治時代に「有楽町《ゆうらくちょう》」と名付けられたといわれています。また、大阪にもかつて「有《う》楽町《らくちょう》」という地名がありましたが、これも有楽斎さんの屋敷があったことに由来するそうです。

さて、武将としてはポンコツな部分が多かった有楽斎さんでしたが、有楽流という茶道の流派や国宝となった茶室を現代まで残し、文化人としては大きな功績を残しました。自分の好きなジャンルをとことん突き詰めるという生き方は、現代人の我々に欠けている、豊かな生き方を提示してくれているように感じます。そんな生き方、してみたい。

仙石秀久

成り上がり人生の裏には、すたこらさっさの逃走劇

PONKOTSU POINT

武勇 ★★★★
戦術 ★
出世欲 ★★★★★
逃走力 ★★★★★

◆浪人から戦国ドリームを体現した男は命令・戦術無視の常習犯

浪人の身から大名となり、誰もが描く戦国の夢を叶《かな》えた仙石秀久《せんごくひでひさ》！

もともとは美濃（岐阜県）出身で、はじめは稲葉山城主の斎藤龍興《さいとうたつおき》（第四章参照）に仕えました。しかし、一五六七年（永禄十）の「稲葉山城の戦い」で斎藤家は滅亡し、秀久は流浪する身となってしまいます。端的にいうと、フリーターもしくはニートです。

ところが、秀久さんは運に恵まれていました。織田信長《おだのぶなが》がたまたま秀久の勇敢な見た目を気に入ったという理由で織田家に仕えることになり、羽柴秀吉《はしばひでよし》の側近である馬廻衆《うままわりしゅう》となったのです。

その後は、秀吉の最古参の家臣として各地を転戦し、特に秀吉の中国攻めで大活躍！ 一五八二年（天正十）に「本能寺の変」で信長が没すると、秀吉から淡路《あわじ》（兵庫県の淡路島）の攻略を命じられ、平定に成功しました。そして、その功績によって秀久さんは一五八三年（天正十一）に洲本《すもと》城に入り、ついに淡路五万石の国持ち大名となりました。

さらに！ 一五八五年（天正十三）には「四国征伐」の武功により、讃岐《さぬき》（香川県）十一万石

という秀吉家臣屈指の大名となったのです。

天下統一を目指した秀吉は、九州の島津《しまづ》家を討つために一五八六年（天正十四）に「九州征伐」を開始。その先陣を務める四国勢の「軍監」として抜擢《ばってき》されたのが、秀久さんでした。

軍監とは軍団の監督役であり、秀吉が訪れるまでの代理の総大将ともいえる名誉ある職でした。四国勢の長宗我部元親《ちょうそかべもとちか》・信親《のぶちか》親子と十河存保《そごうまさやす》の大軍に続いて、秀久さんは三千余の兵を率いて九州に上陸しました。さらに、九州の大友《おおとも》軍が加わり、秀久さんはなんと、二万を超える大軍勢を率いる立場となりました。

秀吉からの指示は「自分の到着を待つように」——持久戦に持ち込んで島津軍を疲弊させる作戦を取るように命じました。当然、指示に従って秀吉の到着を待ってから島津を攻めるべきです。

しかし、秀久さんは、秀吉が来るまでに大きな武功を挙げたかったので、驚くことに秀吉の命令を無視。膠着《こうちゃく》状態となっていた戦況を打開するために、島津軍に攻め込むことにしたのです。

秀吉から「待て」といわれているのに、こういった判断をしてしまうのは、やはり焦りや慢心があったのではないかと思われます。

秀久さんは長宗我部軍や十河軍、大友軍の代表を招いて軍議を開きます。

そこで秀久さんは、自分が率いる軍勢で島津軍に攻撃をして状況を打開することを提案しました。戦巧者の長宗我部元親と信親は当然ですが「秀吉を待ってから戦ったほうが良い」と大反対！

しかし、秀久さんはこの意見に耳を傾けず、十河存保の賛成もあったため出陣を決定してしまいます。そして、長宗我部家や十河家の軍勢を加えた仙石軍六千は、目の前の戸次川《へつぎがわ》を渡航して島津軍に攻めかかろうとしました。

ところが、この強行渡河が決行されたのは、なんと真冬の十二月十二日！　当然、進軍はまったくうまくいかず、島津家に奇襲を仕掛けられてしまうのでした。

◆総大将が戦場放棄？　海を渡って自領へ一目散に逃走

島津軍に奇襲を仕掛けられた六千の仙石軍！――でしたが、島津軍は少数だったため、秀久は反撃へ転じて島津軍を追い返し始めました。

仙石軍優勢！　退却する島津軍を激しく追撃しました。

仙石軍の大勝利……と思われたその時。

伏兵となっていた島津義久の主力軍が現れ、仙石軍を強襲します。不意を突かれた仙石軍は大混乱、あっという間に多くの将兵が続々と討ち死にしていきました。さらに、長宗我部軍と十河軍も総崩れとなり、軍の大将の長宗我部信親や十河存保は討ち死にをしてしまったのです。

これ以上ないほどの大惨敗……。

総大将であるならば、残兵をかきあつめて指示を素早く飛ばして、被害を最小限に留めるべきです。そんな状況の中で秀久さんがとった行動とは……なんと戦場から勝手に逃走!!!

自らが招いた敗戦の始末をすることもなく、他の武将たちを置いて小倉《こくら》城に退却してしまったのです。さらに！　それだけに留まらず、小倉城からも撤退して、海を渡って自分の領地である讃岐まで逃走してしまったのです。これはヒドい！

この時のことが、『豊薩軍記《ほうさつぐんき》』には「四国を指して逃げにけり。三国一《さんごくいち》の臆病者」と記されています。「三国」は日本と中国と天竺《てんじく》（インド）のことを指し、当時は「世界」のことを表しました。つまり、秀久さんは「世界一の臆病者」と評されてしまったのです。


秀吉の指示を無視して、独断で戦をスタート……。さらに長宗我部信親や十河存保という大将を討ち死にさせる……。軍監なのに諸将を置いて讃岐に勝手に退却……。

秀吉は、もちろん大激怒します。秀久さんはすぐに改易《かいえき》となり、讃岐十一万石はもちろんすべて没収。さらに高野山《こうやさん》へ追放処分となってしまいました。

秀久さんをフォローしたいところですが、この処置は仕方がありません。これから一年半後に肥後（熊本県）の領地経営を失敗した佐々成政《さっさなりまさ》が秀吉から切腹に追い込まれていることを考えると、むしろ命を取られなかったことをラッキーと思わなくてはいけないかもしれません。

浪人から十一万石の大名となった秀久さんは、身から出た錆《さび》によって名声を失い、再び浪人の身となってしまったのです。

しかし！　秀久さんはあきらめませんでした。高野山で隠棲《いんせい》し、時々京都や大坂の旧知を訪ねる日々を過ごしていた秀久さんは、汚名を返上する機会を虎視眈々《こしたんたん》と狙っていたのです。

◆「小田原攻め」に無断（笑）で参戦、陣羽織に鈴をつけて活躍！

一五九〇年（天正十八）、秀吉は天下統一を成し遂げるため、小田原の北条家《ほうじょう》を総勢二十二万の大軍勢で攻めました。

秀久さんはこれを名誉挽回の最後のチャンスと考えました。秀久さんは息子や二十名の旧家臣とともに、無断で豊臣軍として参戦したのです。

この時、秀久は「鈴鳴り武者」の異名を取りました。戦場で目立つために陣羽織《じんばおり》一面に鈴を縫い付けて戦ったのです。そして「山中城の戦い」では先陣を務め、小田原城を攻めた際は早川口の虎口《こぐち》を一つ占拠する武功を挙げました。

派手好きの秀吉は、秀久さんのこの活躍に大満足！　秀久さんは三年振りに秀吉への謁見《えっけん》を許され、秀吉から愛用の金の団扇《うちわ》をもらい受けたといわれています。秀久さんとその末裔《まつえい》はこれを大事にしていたのでしょう、この団扇は兵庫県豊岡市に現存しています。

この「小田原攻め」の武功により、秀久さんはなんと小諸《こもろ》城五万石の大名に見事復帰しました。

秀吉の死後の「関ヶ原の戦い」では東軍について所領を安堵され、信濃の小諸藩の初代藩主となります。そして、江戸幕府の重臣に名を連ね、その子孫は但馬《たじま》の出石藩に移って幕末まで藩主を務めました。

さて、秀久さんの旗印に使われたのは『無』の一文字でした。この旗印がどのような理由でいつから使われたかは不明ですが、まさに仙石秀久にふさわしい一文字ではないでしょうか。

はじめに仕えていた斎藤家は織田信長に滅ぼされ、秀久さんは「無」となりました。そこから身を起こし、秀吉のもとで十一万石の大名となったものの、自業自得の一つの失敗ですべてを失い、再び「無」となりました。

普通だったらここであきらめてしまいそうですが、秀吉の天下統一の総仕上げの戦を最後のチャンスと見た秀久は立ち上がりました。そして、再び身ひとつで武功を挙げて大名に返り咲き「仙石」という家名を幕末まで残したのです。

「あきらめるな！」と口で言うのは簡単ですが、それを具体的に行動に移すのは難しいものです。良い考えでも実行するのが難しいことのたとえに「猫の首に鈴をつける」という言葉がありま す。

「それは猫の首に鈴をつけるようなものだよ。無理だよ」というように使います。しかし、無理と言われてもチャレンジしたい時もあります。

そんな時は「仙石の陣羽織に鈴をつける」という言葉を使ってみてはいかがでしょう。

毛利輝元

関ヶ原でも大坂の陣でも二股命？
優柔不断な西の雄

PONKOTSU POINT

武勇	★
祖父	★★★★★
叔父	★★★★
自己保身	★★★★★

◆ボンボン育ちの三代目？　待っていたのは厳しい教育

第二章でピックアップしたネガティブ武将の毛利《もうり》隆元《たかもと》の長男で、毛利元就《もとなり》の孫にあたる人物が、今回の主人公の毛利輝元《てるもと》です。

一五五三年（天文二十二）に毛利家の本拠地の吉田郡山城《よしだこおりやま》（広島県安芸《あき》高田《たかた》市）に生まれた輝元さんは、一五六三年（永禄六）に父の隆元が急死したため、わずか十一歳で毛利家の当主となります。若年のため、実際には祖父の元就が実権を握り、元就の死後は叔父の吉川元春《きっかわもとはる》と小早川《こばやかわ》隆景《たかかげ》が補佐して政治を行いました。「川」の字がつく叔父二人が補佐したこの体制を「毛利両川《りょうせん》」と称することもあります。

この頃、毛利家は全盛期を迎えたといって良いかもしれません。

山陽地方だけではなく、山陰地方も支配下に収めて中国地方全域に覇権を広げ、続いて豊後《ぶんご》（大分県）の大友《おおとも》家を攻め始め、九州地方にも勢力を拡大しようとしていました。

一五七六年（天正四）には、織田信長《おだのぶなが》から京都を追われた足利義昭《あしかがよしあき》を備後《びんご》の鞆《とも》（広島県福山市）

に保護、信長に敵対することを明確にして、反信長勢力の石山本願寺《いしやまほんがんじ》と同盟を結びました。

信長を恨んでいた足利義昭は、全国の諸大名に「信長打倒！」を呼びかけて信長包囲網を形成しました。この時、義昭が頼りにしたのが、輝元さんの軍事力でした。中国地方を支配する毛利家の力は全国でも恐れられており、この呼びかけには越後（新潟県）の上杉謙信《うえすぎけんしん》などが呼応して、四方から信長を追い詰め始めました。信長包囲網を結成した諸大名と呼応して「第一次木《き》津《づ》川《かわ》口の戦い」で信長の水軍《すいぐん》を撃破し、一五七八年（天正六）には「上月城《こうづきじょう》の戦い」で信長に与《くみ》した尼《あま》子《ご》家の残党を駆逐しています。

しかし、上杉謙信が病死してしまい、「第二次木津川口の戦い」でも敗戦をしてしまうと、徐々に戦況は怪しくなっていき、羽《は》柴秀吉《しばひでよし》を総大将とする織田軍が輝元さんの領地に襲い掛かってきました。

輝元さんが三十歳となった一五八二年（天正十）には備中高松《びっちゅうたかまつ》城（岡山県岡山市）を水攻めされ、城主の清《し》水宗治《みずむねはる》の切腹をもって開城となっています。この時、秀吉は輝元さんとなんとかして早急に和睦を結びたいと考えていました。なぜなら、京都で「本能寺の変」が起きたためでした。

和睦が結ばれた直後に信長横死を知った毛利軍ですが、秀吉軍を追撃しようとしませんでした。『川角太閤記《かわすみたいこうき》』によれば、この時、輝元さんの叔父の吉川元春は追撃を主張したのですが、もう一人の叔父の小早川隆景が「和睦を遵守すべき」と反対したため追撃は行わなかったといいます。また、『吉川家文書』によれば二人とも「追撃は無謀。失敗すれば毛利は次こそ滅ぼされる」として追撃に反対したといいます。

このように毛利両川の体制で毛利家の当主を務めていた輝元さんですが、祖父の元就が初代社長だとしたら、三代目のボンボン社長ということになります。三代目ということで、甘やかされて育てられたお坊ちゃんなのかと思ったら大違い。元就や隆景からはかなり厳格な教育を施され、家臣が見ていないところでは、怒鳴られたり折檻《せっかん》を受けたりすることもあったそうです。

◆「関ヶ原の戦い」の総大将なのに中途半端な行動

明智光秀《あけちみつひで》を討った秀吉が「賤ヶ岳《しずたけ》の戦い」で柴田勝家《しばたかついえ》を破ると、輝元さんは秀吉に臣従する道を選び、重臣となりました。

現在「日本百名城」に数えられている輝元さんの居城だった広島城は、秀吉が居城とした京都の聚楽第《じゅらくてい》を模して造られていることから考えると、輝元さんがいかに秀吉から気に入られていたかがわかります。

しかし、毛利家の雲行きは怪しくなっていきます。

一五八六年（天正十四）に秀吉が島津家を攻めた「九州征伐」の最中に吉川元春が亡くなり、一五九七年（慶長二）には小早川隆景が亡くなり、毛利両川体制がぐらつき始めていったのです。元春亡き後の吉川家は吉川広家が継ぎ、隆景亡き後の小早川家は秀吉の甥《おい》の小早川秀秋《ひであき》が継ぎました。

これまでのような体制に頼らずに自身の決断も重要になってきた輝元さんは、隆景が亡くなった年に豊臣政権の「五大老」に任じられています。翌年に秀吉が亡くなった際には、秀吉の遺児の拾丸《ひろいまる》（後の豊臣秀頼《ひでより》）の補佐を任されています。

「これからは自分の意志で毛利家を差配する！」

四十六歳を迎えた輝元さんは、そのような心意気だったかもしれません。

その後、五大老の筆頭である徳川家康と五奉行の筆頭だった石田三成《いしだみつなり》による対立が深まっていきました。そして、謀反《むほん》の疑いがあった会津の上杉家の討伐《とうばつ》に家康が大軍を率いて向かった際に、三成は挙兵をしました。これが「関ヶ原の戦い」のきっかけとなります。

この時、輝元さんは国もとの安芸にいたので、畿内では重臣の吉川広家《ひろいえ》と安国寺恵瓊《あんこくじえけい》が毛利家の交渉を行っていました。安国寺恵瓊は毛利家の外交を担った僧侶だったのですが、三成に協力して輝元さんを西軍の総大将に就任させることを目論みます。それに対して、吉川広家は「家康が勝利を収める」と読み、早々に東軍に味方することを考えました。広家は毛利家をなんとかして残そうと、輝元さんが国もとにいる間に、懇意にしていた黒田長政《くろだながまさ》を通して家康に頼み込み始めたのですが、ここで大問題が起きてしまいます。

なんと、輝元さんが安国寺恵瓊の提案を受けて、一門や家臣たちに相談することなく西軍の総大将に就任することを決めて、豊臣秀頼が入る大坂城に入城してしまったのです！

祖父の元就は「天下を競望せず」と語り、毛利家は天下取りをするなということを家訓として残したのですが、輝元さんは名誉や権力に目がくらんだのか、天下分け目の戦に総大将として飛び込んでしまいました。

ここで総大将として戦い抜いたら、それはそれで良いと思うのですが、自信がなく決断力に欠ける輝元さんはここからがグズグズでした。従兄弟《いとこ》の毛利秀元《ひでもと》（叔父の穂井田元清《ほいだもときよ》の子。輝元さんの養嗣子）を代理の大将として毛利軍を率いさせて、豊臣秀頼を守るためということで、自分は出陣せずに大坂城に留まりました。

広家は毛利家を残すために、輝元さんを差し置いて独自に徳川家との交渉を進め、「関ヶ原の戦い」の前日には毛利家の重臣の身内を人質として差し出し、「毛利家は戦いません」という趣旨の書状を黒田長政に送っています。

また『毛利家文書』によると、同日には徳川四天王の本多忠勝《ほんだただかつ》と井伊直政《いいなおまさ》から広家に、次のような内容の書状が送られています。

「家康は輝元をおろそかにせず、輝元の領地は安堵《あんど》する」

輝元さんが西軍の総大将になってしまうハプニングはあったものの、運良く（？）大坂城から出てこなかったため、広家の交渉はうまくいきました。

そして、関ヶ原の本戦では、内通していた広家は南宮山《なんぐうさん》の陣地から動かずに不戦を通して戦場を離脱しています。

「関ヶ原の戦い」は九月十五日に起きたのですが、その二日後に、特に何もせずに大坂城に留まっている輝元さんのもとへ、徳川軍の黒田長政と福島正則《ふくしままさのり》から書状が届きました。そこには「輝元は名目上の総大将に担ぎ上げられたに過ぎないので、本領を安堵する」という内容が書かれていました。

輝元さんは「お咎《とが》めなし」の書状が届いてホッとしたのか、「戦おう！」と主張する者たちの意見を押し切って、なんと自ら大坂城を退去してしまうのです。言動が終始一貫していません。

個人的な想像で恐縮ですが、これだけスムーズな退去をしていることを考えると、輝元さんはやはり東西両軍に通じていたのではないかと思っています。

さて、これで関ヶ原の一件は落着というわけにはいきません。急に家康から改易《かいえき》（領土没収）を伝える旨の書状が届いたのです。なぜ一転して改易に!?

理由は、輝元さんが西軍の諸将に送っていた書状が次々に見つかってしまったからです。そりゃ、そうです（笑）。

十月二日に黒田長政から広家に送られてきた書状は次のような内容でした。

「本領安堵は輝元が仕方なく総大将に担ぎ上げられた場合だけです。ところが西軍の数々の書状に、輝元の花押《かおう》（サイン）がありました。困りました。毛利家は改易となるでしょう。しかし、毛利家の領地の一、二カ国をもらえるように交渉中です」

『吉川家文書』によると、広家はこれに対して次のような内容の書状を家康たちに提出したといいます。

「なにとぞ毛利家を残していただきたいです。この度のことは輝元の本意ではありません。輝元がきちんとした人間ではなく、分別がないのは皆さんご存じではないですか。どうかどうか毛利の名字を残してください」

この書状から察するに、輝元さんがポンコツなのは周知の事実であったようです。

結局、この広家の直談判によって、毛利家は存続を許され、輝元さんの隠居と周防《すおう》・長門《ながと》（山口県）の二カ国を安堵する形でこの問題は決着がつけられました。

こうして毛利家は、山陽・山陰八カ国百十二万石から周防・長門二カ国三十万石へ減封《げんぽう》となってしまったのです。

この一連の出来事を受けて輝元さんは「近頃は主君が家臣に助けられるという無様なことになっている」とさすがに反省をしたといわれています。

◆しくじり再び……「大坂の陣」で内通？

しかし、輝元さんは一六一四年（慶長十九）に勃発《ぼっぱつ》した「大坂の陣」で再びやらかしてしまいます。

この時、輝元さんの毛利家は、もちろん徳川軍の一員として、大坂城の豊臣家を攻めました。それだけだったらまったく問題ないのですが、『萩藩閥閲録《はぎはんばつえつろく》』などによると、関ヶ原の反省はどこへいったのか「徳川家だけに味方をしていて、もし豊臣家が勝ったらヤバい」と思い、豊臣家にも協力をしようとしたのです！

豊臣家への協力方法は、自分の家臣を改名させて大坂城に送り込み、采配を取らせることでした。もうヤバい雰囲気しかしません（笑）。

送り込まれた毛利家の家臣は、内藤元盛《ないとうもともり》といいました。内藤元盛は輝元さんの従兄弟にあたる人物（輝元さんの母は内藤家出身）で、家臣といっても血縁関係があった重臣中の重臣でした。輝元さんの密命を受けた内藤元盛は、名前を「佐野道可《さのどうか》」と変えて大坂城に入城し、豊臣軍として戦ったのです。

輝元さんは死を覚悟して大坂城に乗り込む内藤元盛に、次のようなことを約束したといいます。

「今回のことは永遠に忘れない。約束したことは必ず守る。息子の本家はもちろん、兄弟の分家まで将来とも見捨てずに、毛利家で取り立てるから安心して欲しい」

周知の通り、大坂城は落城となって豊臣家は滅亡しました。落城とともに内藤元盛は大坂城を落ち延びたのですが、ここからやはりマズいことになります。「どうやら、大坂城に毛利一門の者が籠城《ろうじょう》していた」ということがバレてしまったのです。想像通りの展開！

輝元さんは、激怒した家康から内藤元盛の捕縛を命じられます。厳しい捜索の結果、京都で捕縛することに成功します。捕縛された内藤元盛は「輝元は何も知らず、あくまで個人的な行動である」と主張したことに加え、佐野道可の息子二人も「父の勝手な行動である」と主張しました。関ヶ原の戦いの時と同様に「輝元さんは関係ない」という主張で、輝元さんをかばい御家を守ろうとしたのです。素晴らしい家臣たちです。と、こうしてこの一件は内藤元盛の切腹で決着、ということになるはずでした。

ところが！　輝元さんはここから信じられない行動を取ります。

取り立てると約束していた内藤元盛の息子二人を、なんと切腹に追い込んでしまうのです。

理由は「二人は今回の一件の事情を知っているから」でした。さらに、内藤元盛の幼い孫も幽閉して、内藤家を御家断絶《おいえだんぜつ》としてしまうのです。自分の安泰を保つために、約束を破って家臣を死に追い込むなど、なかなかの鬼畜《きちく》行為です。この一連の出来事は「佐野道可事件」と呼ばれています。
さすがにこれでは内藤家が報われないと思ったのでしょうか、輝元さんが亡くなって二十年ほど経った後、毛利家は内藤元盛のひ孫の代に家臣として復帰させています。

御家を存続させることは大事ですが、一貫しない言動で家臣たちを振り回し、挙げ句の果てには自分がした約束を反故《ほご》にして、命懸けで主命をまっとうした一族を切腹に追い込んで滅ぼすなど、やはり聞いていて良い気持ちはしません。

「関ヶ原の戦い」の時の真田《さなだ》家のように、戦国時代では一族が敵味方に分かれて戦うことは多くありましたが、どの家もトップの人間はどちらの勢力につくかは明確に表明していました。しかし、輝元さんはその意思表示も曖昧《あいまい》で、自分の身の安全ばかりを気にしていたように思えます。
「これだ!」という決断が下せなかったのは、祖父の元就と叔父の隆景の厳格な教育と、毛利両川による政治体制で自分の意見を閉じ込めた当主だったからかもしれません。

徳川慶喜

決断力の早さはピカイチだが、逃げ足も速すぎた最後の将軍

PONKOTSU POINT

武勇	★
血筋	★★★★★
政治力	★★★★
ムチャ振り	★★★★★★★

◆激動の幕末、徳川の最後の切り札として登場！

十五人いた江戸幕府の将軍の中で最後に就任したのが、徳川慶喜《とくがわよしのぶ》です。日本史上最後の征夷大《せいいたい》将軍《しょうぐん》でもあります。

御三家《ごさんけ》（徳川家康の子どもたちに始まる徳川一門）の一つである水戸《みと》徳川家の出身の慶喜さんは、幼少期から優秀だったそうで、周囲から期待をされて育ったといいます。御三卿《ごさんきょう》（徳川吉宗《よしむね》・家重の子どもたちに始まる徳川一門）の一つである一橋《ひとつばし》家の養子となり「一橋慶喜」と名乗った後、病弱で跡取りがいなかった十三代将軍の徳川家定《いえさだ》の後継者として名前が挙がるようになりました。

この時は大老の井伊直弼《いいなおすけ》が、自分が推す徳川家茂《いえもち》（十四代将軍）を後継者としたため、将軍に就任することはなく、井伊直弼と政治的に対立した結果になったため、地元の水戸での謹慎生活を命じられてしまいました。しかし、一八六〇年（安政七）の「桜田門外の変」で井伊直弼が暗殺されると謹慎が解け、二十四歳となっていた慶喜さんは政治の表舞台に登場し始めます。

一八六二年（文久二）に行われた幕府政治の改革である「文久の改革」で、慶喜さんは「将軍

後見職（幼少の将軍を補佐する役職）」に就任し、参勤交代の頻度を三年に一回（百日）に減らすなどの改革を断行しました。その後、京都御所を守護する役職である「禁裏御守衛総督《きんりごしゅえいそうとく》」に役職を変えて、引き続き幕政をリードしていきました。

一八六六年（慶応二）の「第二次長州征伐」（「第一次長州征伐」は一八六四年に起き、長州藩が幕府軍に降伏）の最中に将軍の徳川家茂が急死してしまいます。この時、後継者として白羽の矢が立ったのが慶喜さんでした。

ところが、当初は就任を拒否し続けた慶喜さんですが（拒否の理由は「就任してあげる」スタンスを取って恩を売り、その後の政権運営を有利に進めるためとも）、就任を承諾して同年の十二月五日に江戸幕府の十五代将軍にようやく就任しました。

◆いざ最後の決戦!……あれれ、総大将はどこだ?

将軍就任後の慶喜さんは「慶応の改革」を行い、フランスの協力を受けて近代的な軍隊を整備する軍制改革を行ってリーダーシップを発揮します。この時に建設された横須賀製鉄所は、後に明治政府に引き継がれて、現在は在日米軍が使用しています。

しかし、薩摩《さつま》藩や長州《ちょうしゅう》藩などの幕府に敵対する勢力の勢いに屈して、一八六七年（慶応三）に「大政奉還」を行うことになりました。こうして、政権は朝廷に返上されたことで、六百八十年以上続いた武家政権、そして二百六十五年続いた江戸幕府は終わりを迎えることとなりました。

実は前日に、公家の岩倉具視《いわくらともみ》から薩摩藩と長州藩に「討幕の密勅《みっちょく》」が密かに渡されていたといいます。これを事前に察知した慶喜さんが、徳川家を存続させるために、政権を返上するという奇策に出たそうです。

こういった非常事態に対する決断力の早さが、慶喜さんが歴史に名を残した所以《ゆえん》の一つです。

この奇策を受けた倒幕派の勢力は「王政復古の大号令」によって朝廷を掌握して、新政権の樹立を宣言し、慶喜さんの役職や領地をすべて没収しました。

このクーデターに反発したのが、江戸幕府の旧勢力です。そして、新政府軍と旧幕府軍は一八六八年（慶応四）一月三日に、ついに武力衝突を起こすのです！　戊辰《ぼしん》戦争の緒戦である「鳥《と》羽《ば》・伏見《ふしみ》の戦い」です。

大坂城を拠点に大軍を擁していた旧幕府軍は、京都を支配する新政府軍めがけて進軍し、両軍は京都と大坂の中間点にあたる鳥羽と伏見において激突しました。慶喜さんは旧幕府軍のトップとして出陣を命じ「千兵が一兵となろうとも、退くべからず。奮戦努力せよ！」と厳命したといいます。

この時、旧幕府軍の勢力は一万五千ほどだったといい、新政府軍の三倍の勢力を擁していたといいます。しかし、新政府軍が錦《にしき》の御旗《みはた》（天皇・朝廷に属する官軍を表す旗）を掲げたことで、旧幕府軍は朝敵（天皇・朝廷の敵）となったため、緒戦では敗れてしまいました。

敗戦の報せを受けた旧幕府軍の総大将の慶喜さんは、軍備を整えて、天下の名城の大坂城で新政府軍を迎え撃ちました、といきたいところですが、慶喜さんはなんと、側近と愛妾《あいしょう》たちを連れて夜陰に紛れて、大坂城から勝手に逃亡！　撤退禁止の厳命を自分で下しておいて、家臣たちに後事を託して江戸に逃げ帰ってしまったのです。総大将が敵前逃亡という前代未聞の出来事を引き起こしてしまいました。

逃走ルートは海路で、開陽丸《かいようまる》という幕府が所有していたオランダ製の軍艦を使用しました。この時、軍艦に乗り込んだエピソードも、あまりよろしくありません。

開陽丸の艦長は榎本武揚《えのもとたけあき》（後に五稜郭《ごりょうかく》まで赴いて「戊辰戦争」を戦い抜く幕臣）だったのですが、緒戦の敗戦を聞いた榎本武揚は停泊していた大坂湾を出て、大坂城にいる慶喜さんを訪ねて、今後の戦略を練ろうとしました。しかし、タイミングが悪いことに、慶喜さんはすでに大坂城を逃走した後でした。そして、慶喜さんは榎本武揚が不在であることを良いことに、開陽丸に乗り込んで江戸城へ逃げ帰ってしまったのです。

この逃走劇を後に振り返った慶喜さんは「あの時は討幕軍の勢いがすごかったから、ほったらかしにしておいたのだ」という、わかるようなわからないような発言を残しています。相変わらず、非常事態に対する対応は迅速なのですが、軍隊は撤退戦である殿軍《しんがり》が一番の被害が出るので、撤退方法を指示しないどころか、兵をおいてひとり撤退してしまうというのは、総大将としては失格といわざるを得ないかもしれません。

◆勝海舟にムチャ振り、自分はさっさと謹慎

江戸城へ戻った慶喜さんは、混乱を収束させるために新政府軍との交渉にあたります、というわけではなく、勝海舟《かつかいしゅう》を呼び出して幕府の陸軍のトップである陸軍総裁に昇進させて「あとはなんとかしてくれ」とばかりに幕府の対応を一任して、自分は上野の寛永寺《かんえいじ》に謹慎してしまったのです。この時に慶喜さんが謹慎生活を送っていた部屋は、現在も寛永寺に残されています。

さて、慶喜さんから日本史上最大級のムチャ振りをされた勝海舟ですが、その手腕はさすがなもので、新政府軍の西郷隆盛《さいごうたかもり》との交渉にあたって「江戸無血開城」を成し遂げています。

しかし、その後も江戸には旧幕府軍の勢力が残っていました。拠点にしていたのは、慶喜さんの謹慎先である寛永寺でした。旧幕府軍の精神的支柱となっていた慶喜さんですが、無血開城の条件の一つに水戸での謹慎を命じられました。もちろん慶喜さんは、これに従って水戸に帰省します。そうなると、寛永寺の旧幕府軍は慶喜さんに見捨てられたような形となってしまいます。

そして、旧幕府軍の内部では徹底抗戦の意見が強くなり、新政府軍との合戦へと突入していきます。戊辰戦争における激戦の一つである「上野戦争」です。そして、旧幕府軍は、薩摩藩の西郷隆盛や長州藩の大村益次郎《おおむらますじろう》が率いる新政府軍に制圧されました。この戦乱で徳川将軍家の菩提《ぼだい》寺《じ》である寛永寺の壮大な伽藍《がらん》の多くは、焼失してしまったのです。この時に焼け残った黒門は東京都荒川区の円通寺《えんつうじ》に、表門は寛永寺の輪王殿の表門として移築されて現存しており、当時の弾痕を見ることができます。

「鳥羽・伏見の戦い」での敵前逃亡、「上野戦争」における勝海舟へのムチャ振りや水戸への帰省など、幕府のトップとして戦闘をつねに避けた慶喜さん。それは単に臆病だったためではないかもしれません。当時の日本は外国からの圧力に悩まされており、内乱に乗じて外国が日本を植民地化する危険性がありました。

慶喜さんは内紛をしている場合ではないと考え、一連の行動を取ったとも考えられます。そういった一面を見れば、国際的な視野を持った優れた人物であったといえます。

そのため、慶喜さんに対する評価は賛否両論入り混じっています。頭脳明晰《めいせき》で先見の明があって態度をコロコロと変えてしまうことから「二心殿《にしんどの》」とあだ名を付けられたこともあれば、維新三傑の木戸《きど》孝允《たかよし》（桂小五郎《かつらこごろう》）からは「家康《いえやす》の再来を見るようだ」と評されたこともありました。

当時の方から見ても、慶喜さんというのは、やはり摑《つか》み切れないお方だったみたいですね（笑）。

さて、慶喜さんは明治時代を迎えてからは、水戸から静岡に引っ越し、趣味に興じる日々を過ごしたそうです。その中で特にハマったものが写真だったそうで、慶喜さんが撮影した猫や鉄道などの写真が現在も残されています。

余談ではありますが、二〇一七年九月二十五日に惜しくもお亡くなりになった、慶喜さんの曾孫にあたる徳川慶朝《よしとも》氏は、フリーカメラマンとしてご活躍されていました。

ポンコツ落穂拾い②

明治のポンコツ総理

「ポンコツ落穂拾い」の二回目は明治維新の立役者の御三方をご紹介します。総理大臣も務めた元勲たちは、現代では考えられないトホホなエピソードの持ち主だった！

伊藤博文（初代内閣総理大臣）日本史上屈指の女好き！　天皇から注意されたことも

日本の初代内閣総理大臣として知られる伊藤博文《いとうひろぶみ》は、一八四一年（天保十二）に周防《すおう》（山口県東部）の百姓の家に生まれました。吉田松陰《よしだしょういん》の松下村塾《しょうかそんじゅく》で才能を磨き、長州《ちょうしゅう》藩で頭角を現していきました。明治新政府では要職を務めて、一八八五年（明治十八）に初代の首相となりました。

この時、博文さんは四十四歳二カ月だったのですが、この年齢は歴代の日本の総理大臣でもっとも若い記録となっています。

百姓から一国の首相となるという、まるで豊臣秀吉《とよとみひでよし》のようなジャパニーズドリームを実現した博文さんは、これまた秀吉と同様に、日本史上屈指の女好きとして当時から知られていました。

付いたあだ名は「箒《ほうき》」。これは「掃いて捨てるほど相手の女性がいた」ことに由来するそうです。特に芸者さんが好きだったようで、最初の奥さんとの離婚の原因は芸者さんとの不倫が原因だったといわれていて、その後にその不倫相手の芸者さんと再婚をしています。さらに、自分が四十度の高熱でうなされている時も両側に芸者二人をはべらせていたといいます。

そのため、博文さんの財布事情は火の車！　給料をほとんど芸者さんに注ぎ込んでしまったので、私財が全然なかったそうです。それを見かねた明治天皇が「(芸者遊びを) 少し慎んだらどうか」と窘《たしな》められたといわれています。

博文さんのこういった行動は、今でいう「文春砲」のように、スキャンダルとして新聞にすっぱ抜かれ、三面記事をにぎわしていました。時には首相官邸でのパーティーで茂みに人妻（岩倉具視《いわくらともみ》の次女）を連れ込んで事に及ぼうとしたことから「破廉恥《はれんち》男」と書かれたこともあったほどでした。

博文さんと交流のあった政治家の牛塚虎太郎《うしづかとらたろう》（東京市長、衆議院議員などを歴任）は「女好きがなければ、人間として満点」と評したといいます。女好きを含めた点数は、何点だったんでしょうね。

黒田清隆（第二代内閣総理大臣）泥酔時に妻を殺害した噂はクロだ？

伊藤博文の後を継いで第二代首相となった黒田清隆《くろだきよたか》は、一八四〇年（天保十一）に薩摩《さつま》（鹿児島県）の下級武士の家に生まれました。「薩長同盟」に尽力して頭角を現し、「戊辰《ぼしん》戦争」で活躍して明治新政府の重鎮となり、北海道の開拓に大きく貢献しました。

軍人や政治家としては非常に優秀だった清隆さんですが、かなりの酒乱だったため、現代では考えられないトラブルを起こしています。

一八七六年（明治九）に北海道開拓長官を務めていた頃、船に乗った際、酒に酔っていた清隆さんは、遊び半分で岩礁《がんしょう》を破壊するために、なんと大砲で射撃してしまいます。これだけでも大問題なのに、その砲弾は岩礁を外して民家を直撃し、なんとそこにいた漁師の娘が亡くなってしまうという大事件になりました。この時は清隆さんが漁師に示談金を払って、事件は幕を閉じています。一体いくら積んだのでしょう。

また一八七八年（明治十一）には、酒に酔って帰宅した際に「すぐに出迎えなかったから」という理由で「妻を斬殺した」という記事が新聞に掲載され、世間を大いに騒がせました。この時は、現場を検証した大警視の川路利良《かわじとしよし》が「病死である」という警察の公式見解を発表して事件を収束させようとしました。しかし、この川路利良が、清隆さんと同じ薩摩藩出身の人物だったため、疑惑は深まるばかりだったといいます。二人の関係性からすると、確かに怪しいですね。

これらの事件は、首相になる一八八八年（明治二十一）以前のことですが、首相を退任した翌年の一八八九年（明治二十二）にもトラブルを起こしています。この時、清隆さんは酒に酔った勢いで政敵の井上馨《いのうえかおる》を襲撃するために、日本刀を持って屋敷に不法侵入して、井上を襲おうとしました。しかし、井上は不在だったため、清隆さんはその場に居合わせた井上の妻を日本刀で脅したといいます。ひどいですね。この行動は当然、非難を浴びて清隆さんは謹慎をすることになりました。

そんな酒乱の清隆さんを抑える方法が一つだけありました。それは「木戸《きど》が来た」と清隆さんに言うことでした。木戸というのは木戸孝允《たかよし》（桂小五郎《かつらこごろう》）のことなのですが、以前、酒で大暴れした清隆さんを武術家として有名だった木戸が取り押さえ、毛布に包んで紐で縛って自宅に送り返したことがあったからだそうです。

一八七七年（明治十）に病死してしまった木戸が、もう少し長生きしていれば、清隆さんの酒のトラブルも若干は抑えられたかもしれません。

大隈重信（第八、十七代内閣総理大臣）負けず嫌いで死ぬまで字を書かなかった？

「早稲田《わせだ》大学」の創始者として知られる大隈重信《おおくましげのぶ》は、一八三八年（天保九）に肥前《ひぜん》（佐賀県）の佐賀藩士の家に生まれました。

小さい頃からとにかく負けず嫌いのお方だったらしく、七歳で入学した藩校の「弘道館《こうどうかん》」にいた達筆な友人に対して「字を書かなければ負けることはない」と考え、なんと字を書くことを放棄してしまいます！　勉強するためには筆記は避けられないところですが、筆記を放棄して以降は、すべて暗記で済ませたそうです。本を出版する際も、もちろん同様に口述筆記によってまとめたといいます。

しかし、例外があります！　重信さんは、二度の内閣総理大臣を務めるなど政府の要職を歴任したので、肝心な決定の書類には署名をしなければならない場面があったのです。その代表的な例が、一八八九年（明治二十二）の「大日本帝国憲法」の発布です。当時、外務大臣だった重信さんは、明治天皇や伊藤博文、黒田清隆などと連なり署名をしているのですが、重信さんの字だけ、お世辞にも上手《うま》いとはいえない仕上がりになっており、字を書き慣れていないせいか、全体的に文字がプルプルと震えているのです。国立公文書館に残るこの署名を含めて、重信さんの直筆の書類は三点だけだといわれています。

また、日本初の始球式を行ったのは重信さんだといわれています。一九〇八年（明治四十一）十一月二十二日に行われた早稲田大学の野球部とアメリカのプロ選抜の試合で、羽織袴《はおりはかま》にソフト帽という服装で始球式を行いました。この時、重信さんの投球は一塁側に大きく逸《そ》れてしまったそうです。そのため、打席にいた早稲田大学の一番打者は「大隈先生の投球がボールになってはいけない！」と慌ててバットを振ったといいます。そこから始球式では空《から》振りをするという慣習が生まれたといわれています。ひょっとすると、負けず嫌いの重信さんの機嫌を損ねないために、一番打者が〝忖度《そんたく》〟したのかもしれませんね（笑）。

あとがき

最後まで読んでいただき、ありがとうございます！

武将たちの〝ポンコツ〟な部分をお楽しみいただけたでしょうか？

目次を見ていただければ一目瞭然なのですが、私は「小田《おだ》氏治《うじはる》（天庵《てんあん》さん）」が大好きです（まさかの十八ページ・笑）。実は天庵さんのことが書きたくて、この本を書こうと思ったところもあります。天庵さんが、本書の巻頭を飾っているのも、それが理由です。

天庵さん「単品」でも充分に面白いのですが、せっかくだから（？）ということで、日本史上のダメな逸話を持った武将たちを取り上げさせていただきました。私自身、執筆中に新しいことを知ることも多くあり、とても勉強になって歴史がより好きになりました。


ちなみに、歴史にドハマリするプロセスは、大まかにまとめると次のような流れになります。

①「**ある歴史上の人物**に興味を持つ！」
②「その人物について調べる！」
③「その人物のゆかりの場所（史跡や博物館など）に行きたくなる！」

④「その人物の**周囲の人物**についても知りたくなる！」
⑤「その周囲の人物について調べる！」
⑥「その周囲の人物のゆかりの場所に行きたくなる！」
⑦「その周囲の人物の**そのまた周囲の人物**についても知りたくなる！」
⑧『ようこそ歴史の沼へ！』

なんだか、ネズミ講みたいなシステムになってしまいましたが（笑）、以上のように、歴史は一度ハマったら抜け出せない魅力があります。若輩者の私が言うのもなんですが、一生付き合っていける趣味であると思います。読者の皆さんも、ラインナップの中でもし興味を持った人物がいましたら、その人物を入り口にして、歴史に深くのめり込んでいただければ嬉しいです。

さて最後に、本書の出版にあたってご尽力をいただいた編集の方やスタッフの皆さん、そして、この本を手に取って読んで下さった読者の皆さま、さらに、さまざまな業績や逸話を残して下さった日本史上の先人たちに改めて感謝申し上げます。

ありがとうございました！

長谷川ヨシテル

ポンコツ武将在世年表

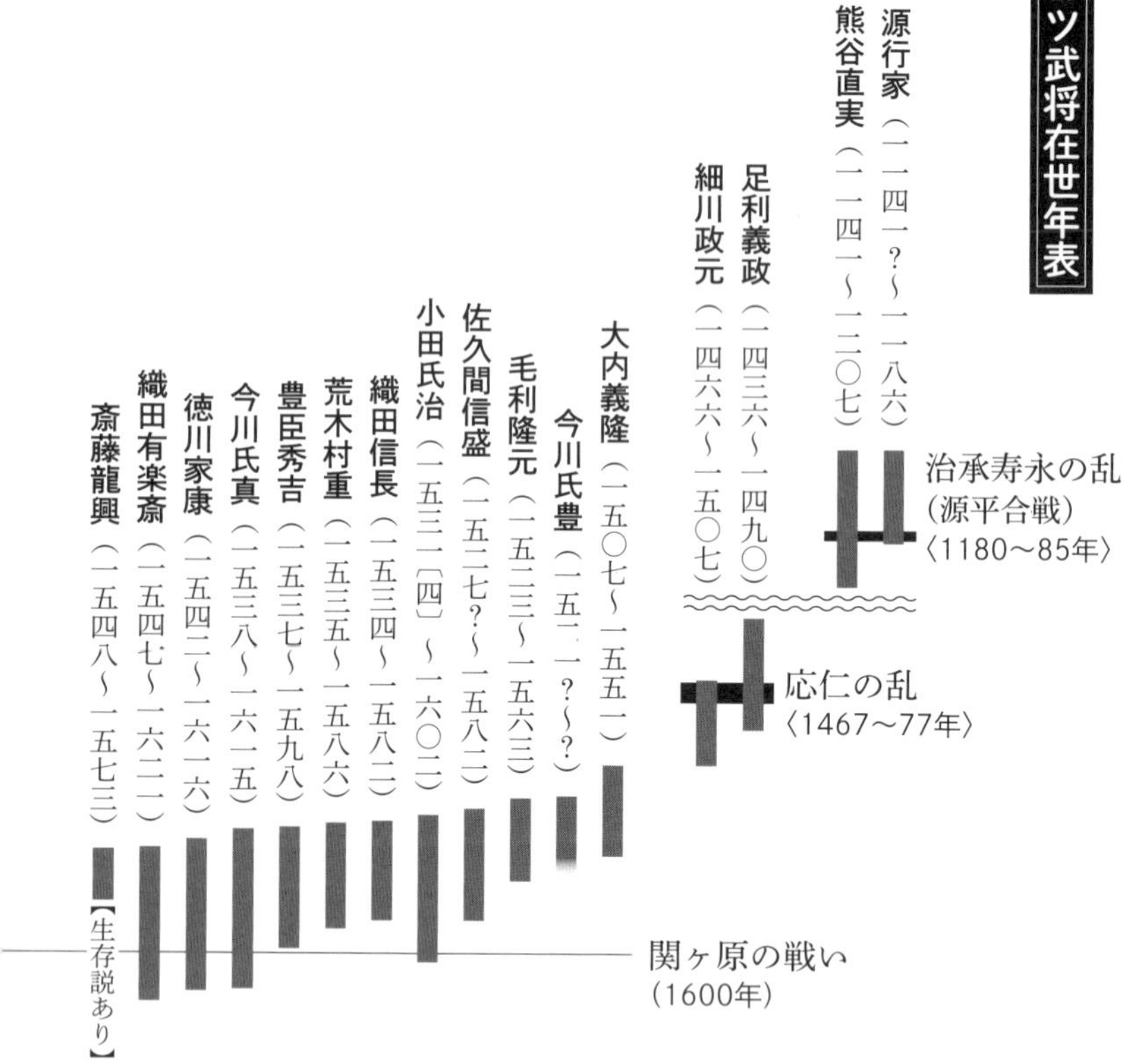
源行家（一一四一？～一一八六）
熊谷直実（一一四一～一二〇七）
足利義政（一四三六～一四九〇）
細川政元（一四六六～一五〇七）
大内義隆（一五〇七～一五五一）
今川氏豊（一五二一？～？）
毛利隆元（一五二三～一五六三）
佐久間信盛（一五二七？～一五八二）
小田氏治（一五三一〔四〕～一六〇二）
織田信長（一五三四～一五八二）
荒木村重（一五三五～一五八六）
豊臣秀吉（一五三七～一五九八）
今川氏真（一五三八～一六一五）
徳川家康（一五四二～一六一六）
織田有楽斎（一五四七～一六二一）
斎藤龍興（一五四八～一五七三）
【生存説あり】
治承寿永の乱
（源平合戦）
〈1180～85年〉
応仁の乱
〈1467～77年〉
関ヶ原の戦い
（1600年）

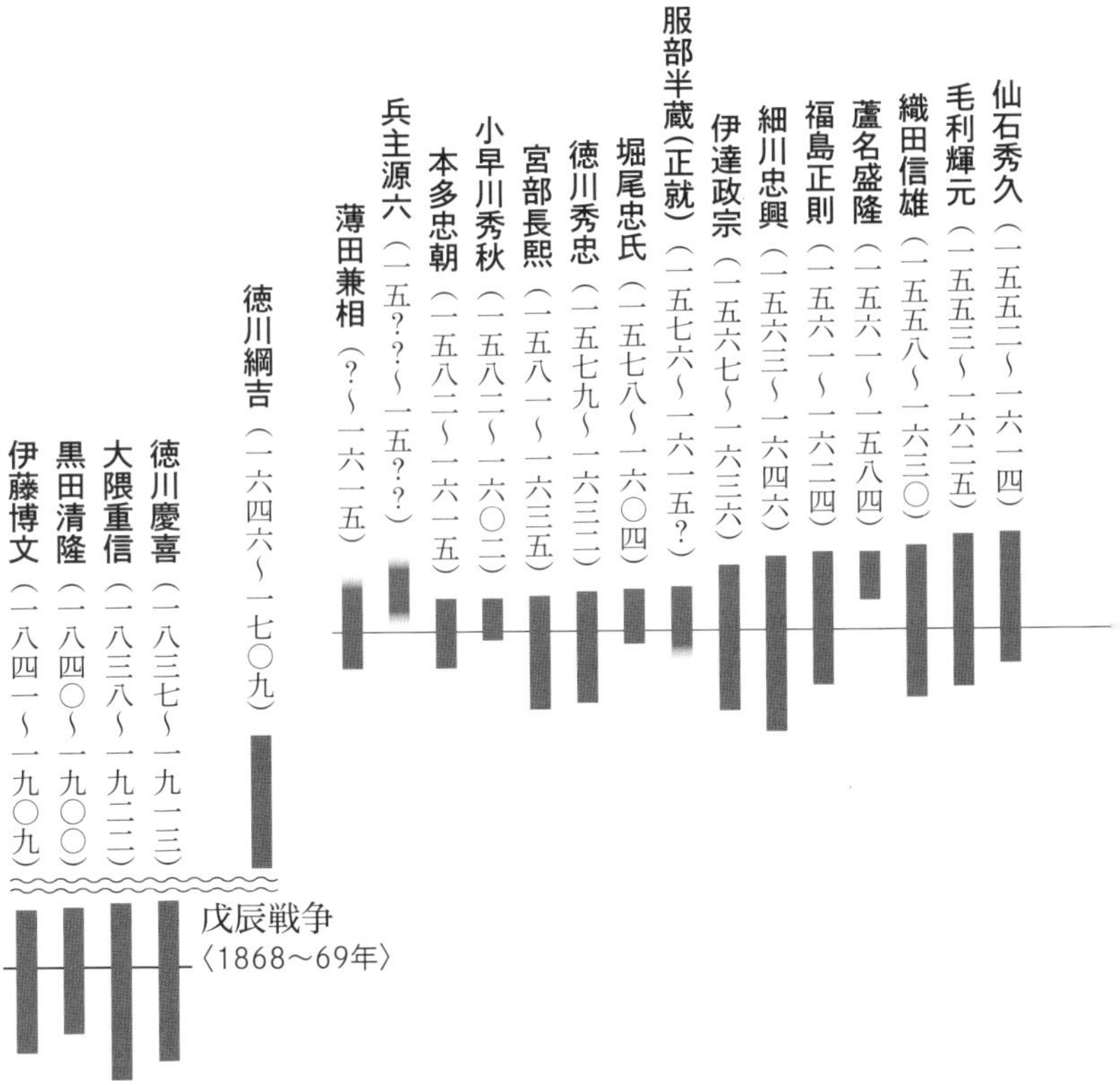
仙石秀久（一五五二〜一六一四）
毛利輝元（一五五三〜一六二五）
織田信雄（一五五八〜一六三〇）
蘆名盛隆（一五六一〜一五八四）
福島正則（一五六一〜一六二四）
細川忠興（一五六三〜一六四六）
伊達政宗（一五六七〜一六三六）
服部半蔵（正就）（一五七六〜一六一五？）
堀尾忠氏（一五七八〜一六〇四）
徳川秀忠（一五七九〜一六三二）
宮部長煕（一五八一〜一六三五）
小早川秀秋（一五八二〜一六〇二）
本多忠朝（一五八二〜一六一五）
兵主源六（一五？・？〜一五？・？）
薄田兼相（？〜一六一五）
徳川綱吉（一六四六〜一七〇九）
徳川慶喜（一八三七〜一九一三）
大隈重信（一八三八〜一九二二）
黒田清隆（一八四〇〜一九〇〇）
伊藤博文（一八四一〜一九〇九）
戊辰戦争
〈1868〜69年〉

主要参考文献

小丸俊雄『小田氏十五代―豪族四百年の興亡―』上・下（崙書房）／野村享『常陸小田氏の盛衰』（筑波書林）／ルイス・フロイス、訳・松田毅一、川崎桃太『完訳フロイス日本史』全十二巻（中央公論新社）／太田牛一、訳・中川太古『現代語訳　信長公記』（新人物往来社）／笠谷和比古『関ヶ原合戦と大坂の陣　戦争の日本史17』（吉川弘文館）／白峰旬『新解釈　関ヶ原合戦の真実　脚色された天下分け目の戦い』（宮帯出版社）／編・阿部猛、西村圭子『戦国人名事典』（新人物往来社）／編・歴史群像編集部『戦国時代人物事典』（学習研究社）／泉秀樹『戦国なるほど人物事典：100人のエピソードで歴史の流れがよくわかる』（PHP研究所）／泉秀樹『幕末なるほど人物事典：100人のエピソードで激動の時代がよくわかる』（PHP研究所）／編・熊谷市立熊谷図書館美術、郷土係『郷土の雄　熊谷次郎直実』（熊谷市立熊谷図書館）／上杉和彦『源平の争乱　戦争の日本史6』（吉川弘文館）／森田恭二『戦国期歴代細川氏の研究』（和泉書院）／福尾猛市郎『大内義隆』（吉川弘文館）／小和田哲男『駿河今川氏十代』（戎光祥出版）／小和田哲男『今川義元　自分の力量を以て国の法度を申付く』（ミネルヴァ書房）／石井悠『シリーズ藩物語　松江藩』（現代書館）／小林清治『伊達政宗』（吉川弘文館）／横山住雄『斎藤道三と義龍・龍興　戦国美濃の下克上』（戎光祥出版）／天野忠幸『荒木村重』（戎光祥出版）／塚本学『徳川綱吉』（吉川弘文館）／家近良樹『徳川慶喜』（吉川弘文館）／井黒弥太郎『追跡　黒田清隆夫人の死』（北海道新聞社）／末國善己『夜の日本史』（幻冬舎）

ポンコツ武将列伝《ぶしょうれつでん》

2017年12月30日　第１刷発行
2020年 3 月15日　第４刷発行

著者
長《は》谷《せ》川《がわ》ヨシテル

発行者
富澤凡子

発行所
柏書房株式会社
東京都文京区本郷2-15-13（〒113-0033）
電話（03）3830-1891［営業］
（03）3830-1894［編集］

装画
花くまゆうさく

装丁
藤塚尚子（ISSHIKI）

DTP
株式会社明昌堂

印刷
壮光舎印刷株式会社

製本
株式会社ブックアート

ISBN978-4-7601-4934-6